Rolf Stolz

SPRUNGZEITEN

Essays zu Literatur und Kunst

Umschlagphoto: Rolf Stolz *Randsprecher* (2009)

Unter **www.editionbaerenklau.de** finden Sie unser gesamtes Paperback-, Hörbuch- und eBuch-Programm. Die Verfügbarkeit und Verkaufspreise der einzelnen Medien prüfen Sie bitte auf der „Plattform Ihres Vertrauens".

PBP® bedeutet **P**ersonality **B**ook **P**rint: Von uns wird nach Verfügbarkeit auf der Netzseite www.editionbaerenklau.de eine Druckausgabe der dort aufgeführten eBücher erstellt. Die Ausstattung kann von der Plattform-Version abweichen.

Erschienen in der EDITION BÄRENKLAU, Bärenklau (OT) 2017, Printed in Germany

ISBN 978 374 318 0727

Herstellung und Verlag: BoD - Books on Demand, Norderstedt

Vorbemerkung

Sieben Jahre nach meinem Band *Nur Kunst. Essays zu Kunst und Kultur* (Norderstedt 2009) kommt hier eine neue Sammlung teils unveröffentlichter, teils in Büchern, Zeitungen und Zeitschriften erschienener Analysen, Deutungen und Interventionen zur Literatur und zur Malerei heraus. Deutlich wird, wie vielfältig die Szenerie des Schöpferischen sich auffächert in einer trotz aller Selbstbeweihräucherung – das angeblich allerbeste Deutschland aller Zeiten - oft geradezu toxischen Umwelt. Exemplarisch für meine Kritik an der Barbarei des Maximalprofits ist mein hier dokumentierter Aufsatz *Öffentliche Armut, Verarmung der Kunst und Kultur in einem reichen Land* aus dem Jahr 2008. Leider hat sich ein Jahrzehnt später nur an den konkreten Zahlen, aber an den Tendenzen und Grundzügen nichts geändert.

Lebende Autoren und Maler stehen in dieser Ausgabe im Mittelpunkt. Andererseits ist auch die Literaturgeschichte mit Rückert, Benn, zur Linde, Kafka präsent und bestehen zum ersten Band meiner Essays Bezüge und Verschränkungen. Nicht zuletzt wird Heinrich Schirmbeck, mit dem ich das letzte Vierteljahrhundert seines langen Lebens befreundet war, erneut thematisiert. (Ergebnis dieser Verbindung war die 1995 von mir herausgegebene zweibändige Ausgabe und mein Schirmbeck-Lesebuch von 2014.) Zu Gertrud Kolmar erscheint ein Essay, der den 2009 veröffentlichten ergänzt und aktualisiert.

Die von mir porträtierten Gegenwartsautoren und -künstler sind nicht unbedingt die Bestverkäufer und *en vogue*, sprich momentan obenauf im Wellenkamm. Aber sie haben es verdient, gelesen und gehört zu werden. Und sie werden gelesen und gehört werden. Die Lyriker Amzar, Mühlroth, Heinz und Seiler habe ich in meiner „Roten Reihe Lyrik“ in der Edition Bärenklau seit 2015 herausgegeben. Daß ein rumänischer und drei rumäniendeutsche Autoren den Anfang machten, ergab sich aus der von mir mit Kurt Roessler und Nikolaus Gatter herausgegebenen Nr. 4 „Deutsche Literatur aus Rumänien" der KUNSTGEFLECHT-Zeitschrift „RHEIN!". Mit der Berliner Brandenburgerin Frederike Frei, der verspätet 2017 erscheinenden Nr. 1 der Reihe, wird verdeutlicht, daß dies keine Selbstbeschränkung bedeuten soll.

Man hat mir zum Vorwurf gemacht, daß ich an einer strikten Grenzziehung zwischen Politik und Kunst festhalte. Ich habe meine provisorischen Einsichten und Positionen *in rebus politicis*, aber die gehören in mein Widerstandsengagement, in Artikel und Sachbücher. In der Kunst zählt einzig und allein die geistige Potenz. Brechts *Die Maßnahme* ist ein ungeistiges Verbrechen, Hamsuns Nachruf auf Hitler eine Idiotie – und dennoch bleiben die beiden Dichter in ihren wesentlichen Werken Heroen des Schöpferischen. Diese Exponenten politischer Verführbarkeit sollten uns als Warnung vor Schubladenzuweisung und Selbstgerechtigkeit dienen, und sie sollten uns daran erinnern, daß unser künstlerisches Werk für alle Menschen geschaffen wird, die es irgendwann wahrnehmen könnten - gleichgültig, wie fern sie uns stehen und wie feindlich sie sich äußern mögen. Denn wir alle stecken mitten im Leben, irren herum, lassen uns betrügen und betrügen selbst, werden schuldig an uns und den anderen, bleiben so verwickelt in unsere gesellschaftliche Umwelt wie einst Kafka in jenes großartige Vorkriegsprag, das wenige Jahre später von den braunen und den roten Banditen liquidiert wurde. In *Franz Kafka, tschechischer Klassiker* mache ich allerdings auch deutlich, daß inmitten komplexer Widersprüche Festlegungen unvermeidlich sind. Wo Rhodos ist, da und genau da muß gesprungen werden.

Rolf Stolz

Inhalt

Franz Kafka, tschechischer Klassiker

Sprechen wir hier von einem in Deutschland unbekannten, weil unübersetzten tschechischen Namensvetter und Doppelgänger jenes Dichters, der vom *Schloß* bis zum *Prozeß*, von der *Strafkolonie* bis zur *Verwandlung* unvergleichliche und unsterbliche Wortkunstwerke geschaffen hat? Nein, mitnichten – Franz Kafka ist nun einmal einmalig. Einmalig ist aber auch die Geistes- und Gemütsverwirrung, die in Kopf und Bauch mancher Zeitgenossen/-innen herrscht. Der Bauch ist hierbei zumindest mitbeteiligt, mit einem guten Schuß unbewußter gefühlsgeladener Peristaltik, mit hysterischem Bauchgrimmen und Flatulenzen. Denn die Kopfgeburten, die hier in die Welt gesetzt werden, sind mit Kategorien des rationalen kritischen Denkens nicht mehr zu fassen. Wir, die wir Franz Kafka als jüdischen Deutschen aus Prag kannten, als Symbolfigur für das reiche Geistesleben einer Stadt, die bis 1938 zweisprachig und kosmopolitisch war und erst 1945 mit der mörderischen Vertreibung der Deutschen durch tschechische Chauvinisten monokulturell verarmte (der bürgerliche Schreibtischmörder Benesch Hand in Hand mit den pseudokommunistischen Handlangern Stalins) - wir werden nun belehrt, Kafka sei Tscheche gewesen.

Sie glauben nicht, daß jemand solchen Unsinn denkt und schreibt? Ich hatte das auch nicht für möglich gehalten, mußte mich aber eines Schlechteren belehren lassen, als ich im vergangenen Jahr im Netz auf der Seite www.zitante.de unter dem Zitat des Tages las: „Franz Kafka, österreichischer Romanautor tschechischer Herkunft". Diese Seite wird von einer sehr belesenen Enthusiastin gestaltet und bietet auf dem Feld des Aphoristischen immer wieder lohnende (Wieder)Entdeckungen.

Um so fataler, wenn eine solche gebildete Frau nicht einmal das ABC der Entstehung und Entwicklung von Kunst und Kultur und der europäischen Geschichte beherrscht und sie womöglich aus Joseph Conrad einen polnischen und aus Heinrich Heine einen französischen Dichter machen würde. Um so repräsentativer aber auch für die Geistesverwirrung in Deutschland und für das geistige Elend als Frucht der politisch-kulturellen deutschen Misere, wenn in der Antwort auf meinen Protestbrief unter Berufung auf Wikipedia (für manche eine Art *Bibel 2.0* !) angeführt wird, Kafka habe sich nie zu seiner „Nationalität" geäußert - als ob es hier nicht um ein weltliterarisches Werk, um ein essentielles Element der deutschen Sprache, Literatur und Kultur ginge, sondern um Franz K.'s privateste Paßprobleme und Identitäts-unpäßlichkeiten! Des weiteren wurde eine Fortsetzung der Diskussion damit abgelehnt, daß nun auf der *Zitante*-Seite Kafka als „deutschsprachiger, jüdischer Romanautor" aufgeführt werde. Taucht Orhan Pamuk dort in Zukunft als „türkischsprachiger, muslimischer Romanautor", Aziz Nesin als „türkischsprachiger, atheistischer Prosaautor" auf? Werde ich auf der Zitante-Seite, wo sich Aphorismen von mir finden[1], als „deutschsprachiger, evangelisch getaufter Autor" geführt? Nein, ich bin dort einfach ein „deutscher Autor". Spürt „Zitante" nicht den Nachhall der antisemitischen Brandmarkung in der Schubladenbezeichnung für Kafka - mit einer typischen Grauzone zwischen religiöser, ethnischer und „rassischer" Volkslisten-Zuweisung?

---

[1] Inzwischen hat man mich aus der Zitante-Netzseite hinausgesäubert: Unter „29. 10. 2009" findet sich folgende Bemerkung: „Der Autor des heutigen Tagesspruchs ist nicht mehr auf der Zitantenseite vertreten." Mein „Tagesspruch" hieß: *Hoffnung – ein Wort für die Länge unserer Fluchtwege.*

Ich verwette mein letztes Hemd: Kafka, wenn er denn könnte, würde aus dem Grab steigen, einen Band II des *Prozesses* niederschreiben und denen den Prozeß machen, die ihn hundert Jahre später neu erfinden wollen - hineingezwängt in das Prokrustesbett politischer Korrektheit und deutscher Selbstverneinung.

*

Kafka-Kontroverse I

Briefwechsel mit Zitante (Christa Moll)

1. Liebe Zitante,

Franz Kafka heute einen „österreichischen Romanautor tschechischer Herkunft" zu nennen, ist ein starkes Stück. Franz Kafka war weder in ethnischer Hinsicht tschechischer Herkunft, noch rechnete er sich zu diesem Volk, das ja erst 1918 einen eigenen Staat erhielt. Sonst hätte er wohl seine Bücher eher tschechisch als deutsch geschrieben. „Deutscher Romanautor", „deutschösterreichischer Romanautor" (eventuell mit dem Zusatz „jüdischer Herkunft") - das wäre möglich und sinnvoll. Prag war bei Kafkas Geburt eine Stadt mit tschechischer Bevölkerungsmehrheit und einer starken deutschen Minderheit.
Es geht hier ja nicht um Sprachnuancen, sondern darum, nach der verbrecherischen Auslöschung bzw. Vertreibung der Prager Deutschen (zuerst der fast immer in erster Linie deutschsprachigen Prager Juden unter Hitler, dann nach 1945 fast aller Deutschen unter Benesch und den Kommunisten) nicht auch noch das historische Gedächtnis zu liquidieren und die Geschichte umzuschreiben.
Mit freundlichen Grüßen

2. Antwort von Zitante (Christa Moll):
Lieber Rolf Stolz,
das (deutsche) historische Gedächtnis liquidieren oder die Geschichte umschreiben zu wollen - mir das zu unterstellen empfinde ich ein „starkes Stück".
Eine Bezeichnung zu finden, die keinen Nationalitäten- oder sonstigen Zugehörigkeitskonflikt auslöst, erscheint mir nach ausführlicher Recherche im Internet und in gedruckten Lexika schier unmöglich. Zumal der Autor selbst sich dazu nie geäussert hat.
(Quelle:http://de.wikipedia.org/wiki/Franz_Kafka#Zur_Frage_der_Nationalit.C3.A4t)
Mit freundlichen Grüßen

3. Antwort von Rolf Stolz:
Liebe Zitante,
ich habe eine Aussage kritisiert - Ihnen ein bestimmtes Motiv zu unterstellen, lag mir fern und dazu kenne ich Sie im übrigen zu wenig. Deswegen schreibe ich auch bewußt abstrakt „es geht darum". Zur Sache: Kafka gehört zur Weltliteratur, zur deutschen Literatur - und eben nicht zur tschechischen. Sonst rechne ich mich ab sofort zur französischen Literatur, denn ich spreche Französisch, habe ein paar französische Gedichte verfaßt, kenne viele Franzosen. War Kant Russe (Geburtsort Königsberg) oder Edith Stein Polin (Geburtsort Breslau)?? Nebenbei: Auch Wikipedia ist nicht der Weltgeist. Wichtiger ist das eigene Denken, der gesunde Menschenverstand und ein aufgeklärtes, von Chauvinismus freies Selbstbewußtsein in Sachen deutscher Kultur. Die tschechischen Regierungschauvinisten, die es erst vor wenigen Jahren geschafft haben, immerhin offiziell zu bedauern, daß 1945 auch die sudetendeutschen Antifaschisten vertrieben wurden und die immer noch nicht die völkerrechtswidrigen Benesch-Dekrete aufgehoben haben, sollten nicht noch aus Deutschland ermutigt werden - immerhin bekommen sie inzwischen Gegenwind von mutigen jungen Tschechen und Tschechinnen (Alena Wagnerová u. a.).

Also - diskutieren wir in der Sache und ohne persönliche Mißtöne.
Herzliche Grüße

4. Antwort von Zitante:
Lieber Rolf Stolz,
ich habe viele Internetseiten aufgerufen, einige Zitaten- und sonstige (deutsche und ausländische) Lexika befragt, mich mit Personen mit fundierten Kenntnissen der jüngeren Zeitgeschichte ausgetauscht - und wurde immer wieder mit unterschiedlichen Aussagen und Meinungen konfrontiert.
Ich werde künftig Franz Kafka als »deutschsprachiger, jüdischer Roman-autor« bezeichnen. So habe ich es auch auf der entsprechenden Autorenseite eingetragen:
http://www.zitante.de/Autoren_suchen/autoren.php?a_id=115.
Eine weitere Diskussion ist meinerseits nicht erwünscht.
Es grüßt zurück

Kafka-Kontroverse II

Reaktionen auf die Veröffentlichung

meines Aufsatzes in der „Deutschen Sprachwelt"

1. Brief von Josef Schuh, Moers:

Ich glaube die Verfasserin zu kennen und bin überzeugt, daß „Franz Kafka, österreichischer Romanautor tschechischer Herkunft" aus irgendeinem Nachlagewerk entnommen war.
Ich möchte den Leserzorn also auf unsere Buchverlage und deren nun schon mit Überzeugung geübten deutschen Minderwertigkeitskomplex umlenken.
Freundliche Grüße

2. Antwort von Rolf Stolz:

Lieber Herr Schuh,
danke für Ihre Nachricht. Ich kenne die grundsätzlich sehr verdienstvolle Macherin des Zitante-Portals, wie ich es ja auch in meinem Artikel beschreibe, als gebildete und sympathische Dame, gegen die ich keinerlei Zorn hege. Es geht mir ausschließlich um die Sache, und natürlich hat die Meinungsindustrie mehr Einfluß und hat mehr Schuld auf sich geladen als eine Einzelperson. Gleichwohl bleibt jeder verantwortlich für das, was er schreibt bzw. abschreibt. Um den Ablauf der Kontroverse transparent zu machen, füge ich Ihnen unseren Briefwechsel bei.
Mit freundlichen Grüßen

3. Brief von Dr. Rolf Kamradek, Schleswig

Kafka hat sich durchaus zu seiner deutschen Nationalität bekannt, wenn auch verschlüsselt. Anbei mein Beitrag hierzu.
Franz Kafka vertritt in seiner verschlüsselten Erzählung „Der Heizer" die Position der Deutschen in Böhmen.
Rolf Stolz widerspricht in seinem Beitrag *Franz Kafka ein tschechischer Klassiker?* in der Deutschen Sprachwelt, Ausgabe 44, zu Recht einer diesbezüglichen Behauptung auf der Internetseite www.zitante.de, die sich ihrerseits auf Wikipedia beruft, wo behauptet wird, der Dichter habe sich nie zu seiner Nationalität geäußert. Da Kafka deutsch schrieb, ist er natürlich ein deutscher Dichter. Aber er hat sich auch geäußert. In seiner 1913 verfassten Erzählung *Der Heizer* (später das erste Kapitel seines Romanfragmentes *Amerika*) hat er verschlüsselt erkennbar die Position der Deutschen in Böhmen vertreten. Es ist erstaunlich, dass diese Deutung, die allerdings die Kenntnis der Geschichte Böhmens im 19. Jahrhundert und vor dem 1. Weltkrieg voraussetzt, meines Wissens bisher nicht erfolgte.
Im 19. Jahrhundert erfasste das Nationalbewusstsein auch den tschechischen Teil Böhmens und Mährens, die vom Aussterben bedrohte tschechische Sprache belebte sich wieder, vielfach mit deutscher Hilfe, etwa durch Herder und Goethe. Das

Selbstbewusstsein der Tschechen blühte auf. Leider wurde auch hier das Nationalbewusstsein ab Mitte des Jahrhunderts vom Nationalismus verdrängt und entwertet. Palacký stellte die Geschichte Böhmens als ständigen Kampf zwischen Deutschen und Tschechen dar, Hanka entwarf mit der Grünberger und der Königshofener Handschrift Fälschungen, die später durch Masaryk entlarvt wurden, und förderte extreme tschechische Tendenzen. Die berechtigten Forderungen nach sprachlicher Gleichberechtigung der Tschechen wandelten sich, nachdem sie durchgesetzt waren, in den Anspruch auf alleinige tschechische Führung. Die seit achthundert Jahren in geschlossenen Siedlungsgebieten lebenden Deutschböhmen wurden als Fremde verunglimpft.

Die überraschten Deutschen reagierten ungeschickt und mit Gegenreaktionen, polemisierten etwa gegen die Gründung einer tschechischen Universität im damals noch deutschen Brünn, was die Tschechen wiederum geschickt der Auslandspresse zuspielten. In der gereizten Atmosphäre wurden Prestigefragen hochgespielt, Demonstrationen in gemischtsprachigen Städten endeten in Straßenschlachten. Falschmeldungen der tschechischen Presse führten zur Plünderung des Universitätsgebäudes in Prag, zu Angriffen auf das deutsche Theater, Rollkommandos verübten Übergriffe auf deutsche Studenten und deutsche Juden, die im deutschen Liberalismus und Kulturleben eine wichtige Rolle spielten. 1893–1895 musste in Prag der Ausnahmezustand verhängt werden, erneut 1897 und nochmals 1908.

Vorschläge, etwa die sprachliche Aufteilung des Landes, ein Nationalitätengesetz oder die Sprachverordnung der Wiener Regierung wurden von der jeweils anderen Seite grundsätzlich abgelehnt. Es gab Prügeleien im Reichstag und Landtag, Abgeordnete duellierten sich. Als die Grundsteinlegung für ein Gebäude der deutschen Universität gewaltsam verhindert wurde und Rektor wie Senat aus Protest zurücktraten, rief der Rektor der tschechischen Universität die Worte Jan Hus' von 1409 aus: „Gelobt sei der allmächtige Gott, dass wir die Deutschen ausgeschlossen erreicht haben und dass wir Sieger wurden."

Presseorgane forderten die kriegerische Zerstückelung Deutschlands und Österreichs, sowie die Unterbringung der Deutschen in Reservaten.
Die Wiener Regierung konnte es keinem recht machen. Ängstlich vermied sie, was nach einer Bevorzugung der Deutschen hätte aussehen können. Obgleich mit tschechischen Ministern durchsetzt, galt sie den nationalen Tschechen als deutsch und damit hassenswert, die Deutschen wiederum vermissten ihren Schutz und bezichtigten sie des Verrates.
In dieser Atmosphäre schrieb Kafka 1913, noch vor dem 1. Weltkrieg, sein Romanfragment *Amerika*.
Karl Roßmann, der Held des Romans, ist, so wie K. im *Schloss* und im *Prozess*, das literarische „Ich" Kafkas, wie schon Max Brod erkannte, der das Fragment nach des Dichters Tod vor der Vernichtung rettete. Karl bejaht die Frage „Sie sind ein Deutscher?" mit „Ja" und ergänzt „aus Prag in Böhmen" (Kapitel *Hotel Occidental*). Im ersten Kapitel, *Der Heizer*, erlebt Karl, wie „auf einem deutschen Schiff" der Hamburg-Amerika-Linie (Österreich) der Obermaschinist Schubal, ein Rumäne (Tscheche), „uns Deutsche auf einem deutschen Schiff schinden" darf und der fleißige deutsche Heizer muss befürchten „hinausgeworfen zu werden" (Austreibungsdrohungen).
„Waren Sie denn schon beim Kapitän?", fragt Karl. Doch bei seiner Beschwerde vor dem betressten, degentragenden deutschen Kapitän (Kaiser Franz Joseph) vor internationalem Publikum wird der Heizer bereits als Querulant angekündigt. Sein Auftritt ist ungeschickt, die Fülle seiner Beschwerden wirkt unverständlich, die vielen Einzelheiten setzen Kenntnisse voraus, die der Kapitän nicht haben kann. „Kennt er denn alle Maschinisten und Laufburschen ... beim Taufnamen ... dass er gleich wissen kann, um wen es sich handelt?" (Einzelheiten des Nationalitätenproblems und der Vorfälle). Des Heizers Beschwerde wird ein unerträgliches Geschwätz (ungeschicktes Reagieren der Deutschen).
Der Kapitän findet zwar, „der Schubal wird mir ... viel zu selbstständig" (tschechischer Separatismus), doch „der Kapitän mochte ja ein guter Mann sein ... und Gründe haben, sich als gerechter Vorgesetzter zu zeigen, aber schließlich war er kein Instrument, das

man in Grund und Boden spielen konnte - und gerade so behandelte ihn der Heizer ... allerdings aus seinem grenzenlos empörten Inneren heraus", er geriet „außer Rand und Band" (Verrätervorwurf an Wien) und begann sogar mit seinem Landsmann Karl zu streiten (Uneinigkeit der Deutschen), bis alle im Raum „abgestumpft gegen den Heizer, ja von ihm angewidert" waren.

„Ich glaube, wir haben vom Heizer genug", sagt Karls amerikanischer Onkel (Auslandsmeinung). „Darauf kommt es doch gar nicht an", wendet Karl ein. „Aber gleichzeitig handelt es sich um eine Sache der Disziplin", entgegnet der Onkel, „und diese unterliegt der Beurteilung des Kapitäns." „Ja", stellt Karl fest, „bei der Disziplin hört seine Höflichkeit auf." (Respektforderung des Wiener Hofes).

In dieser Situation tritt Schubal wohl vorbereitet (Presse) mit falschen und sich unpassend benehmenden Zeugen (Geschichtsfälschung und Falschmeldungen) auf und gewinnt trotz erkennbarer Unredlichkeit (Entlarvung der Fälschungen) die Herren für sich.

„Dir ist ja Unrecht geschehen wie keinem auf dem Schiff", sagt Karl zum Heizer und „Du musst dich zur Wehr setzen."

Aber der Heizer scheint „nichts mehr für sich zu hoffen ...". Der Kapitän würde „lauter Rumänen (tschechische Minister und Beamte) einstellen können, es würde überall rumänisch gesprochen werden, und vielleicht würde dann wirklich alles besser gehen."

Als Karl mit seinem Onkel das Schiff verlässt, sind dessen Fenster mit Zeugen Schubals besetzt, die freundschaftlich winken. Es war wirklich, als gäbe es keinen Heizer mehr. Der amerikanische Onkel weicht Karls Blick aus.

Die später angefügten Kapitel des Romanfragmentes schildern, wie sich Karl, der reine und naive junge Deutsche in Amerika, gegenüber den Gemeinheiten von Einheimischen und Auswanderern aus Irland und Frankreich, „als anständiger Mensch bewähren wird" (Max Brod). Dabei wird seine deutsche Herkunft immer wieder betont.

Öffentliche Armut, Verarmung der Kunst und Kultur in einem reichen Land

Was einem etwas wert ist, das wird sichtbar an den Anstrengungen, die er dafür aufwendet. Wenn ich behaupte, Gott zu lieben, folge aber nicht dem Weg des Glaubens, dann belüge ich mich und die anderen. Wenn ich behaupte, eine Frau zu lieben und leide nicht mit ihr, laufe mir nicht für sie, wie der Volksmund so treffend sagt, die Hacken ab, schenke ihr niemals Schmuck und Blumen, dann handelt es sich entweder um eine nette Illusion oder um einen blanken Betrug. In einer auf Geld und Gewinn basierenden Gesellschaftsordnung wie der unseren wäre es geradezu absurd, nur immaterielle Bemühungen zum Maßstab zu nehmen und alles Finanzielle außen vorzulassen. Es wäre jene Art von „Großzügigkeit", wie sie allzuoft vorzufinden ist, wenn die Reichen den Verhungernden warme Worte auftischen, wenn der vollfett überfressene Monsieur Juste-Milieu aus Furcht, Geld könnte den Charakter und das Talent korrumpieren, den Künstlern jenen Platz in der Gesellschaft zuweist, den Spitzweg und Zille so pittoresk ausgemalt haben: am Rande oder außen vor, als abenteuerlicher Hungerleider im Hinterhaus-Dachstübchen. Auch in Sachen Kultur gilt der Satz, daß zwar Geld nicht alles, aber ohne Geld vieles nichts ist. Der einzelne kann noch nahezu ohne Geld existieren, solange es zum nackten Überleben reicht. Der Dichter kann mit einem Bleistiftstummel auf Packpapier schreiben, der Maler auf den Deckeln von Zigarrenkisten seine Visionen festhalten, der Architekt Pläne zeichnen und Pappmodelle kleben. Aber wenn keine Bücher erscheinen, wenn keine Museen Gemälde kaufen und ausstellen, wenn keine Kirchen und Stadthallen gebaut werden, dann wird die Kunst reduziert auf jene Schöpfungen, die von einigen wenigen geschaffen für wenige sichtbar werden – äußerst intensiv strahlend im Nahraum, aber im übrigen nicht einmal von mittlerer Reichweite.

In der ohnehin leisen und zersplitterten öffentlichen Auseinandersetzung darüber, ob für die Kultur genug Geld ausgegeben wird, werden oft nur die Stimmen von zwei Gruppen gehört: jener, die Einsparungen rechtfertigen (soweit die Sparkommissare es nicht vorziehen, schweigend den Rotstift anzusetzen und das Kaputtsparen in aller Stille zu praktizieren) und jener, die weniger kürzen und etwas mehr auszahlen wollen. Selten genug kommen die zu Wort, die Kunst und Kultur in allem, auch in der staatlichen und gesellschaftlichen Förderung, auf den ersten Platz setzen wollen. Wenn Kunst und Kultur geistig-moralisch einen höheren Wert für die Gesellschaft, die Nation und den Staat besitzen als die Wirtschaft und die Sozialpolitik, dann ist die logische Konsequenz, daß auch die Verteilung der öffentlichen Mittel sich an dieser Rangordnung orientieren muß. Natürlich ist dies eine revolutionäre, eine grundstürzende Sichtweise, gegen die sofort eine Einheitsfront aus etlichen Großverdienern und noch sehr viel mehr Kleinprofiteuren aufbegehrt - verständlicherweise: Wenn eine ernsthafte Kulturpolitik verwirklicht würde, wären in der Tat weniger Subventionen für die Firmen und weniger Stützgelder für Sozialhilfeempfänger verfügbar. Aber jener Zusammenhang, den das schöne Erster-Mai-Plakat von HAP Grieshaber aus dem Jahre 1978 benennt, „Recht auf Arbeit - Recht auf Kultur", gewönne so Geltung: Solidarisch jedem die Möglichkeit zu geben, sich zu helfen zu wissen, sich aus eigener Kraft ernähren und sich verwirklichen zu können.
Insgesamt gesehen wächst der Markt der kulturellen Leistungen. Deutlich wird das am kontinuierlichen Anstieg der Zahl der Selbständigen: 541.000 im Jahr 1992, 906.000 im Jahr 2006, 954.000 im Jahr 2007 - also fast eine Verdoppelung innerhalb von fünfzehn Jahren[2]. Mit 23,7 % Anteil stehen dabei die freien Kulturberufe an dritter Stelle hinter den Heilberufen (32 %) und den wirtschafts-

---

[2] Bundesverband der Freien Berufe, 13. 8. 2007; Institut für Freie Berufe an der Universität Erlangen (für 2006)

und steuerberatenden Berufen (27 %). 16.000 Studenten an Kunsthochschulen, 17.000 an Musik- und Theaterschulen zeigen, daß es hier nicht um einige wenige Paradiesvögel geht. Auch der Zuwachs der Versicherten in der Künstlersozialversicherung (auf das Zweieinhalbfache von 1993 bis 2006, von 63.305 auf 153.732) beweist diese Entwicklung.

So wie zu Karl Marxens Zeiten manche Lumpenjournalisten zeterten über die unverschämten Lohnforderungen der Proletarier, so gibt es heute in der deutschen Presselandschaft fröhliche Märchenerzähler, die wie Nils Minkmar in der „Frankfurter Allgemeinen Sonntagszeitung" und Thomas Steinfeld in der „Süddeutschen Zeitung" jammern, daß die Kultur als das „absolute Gute" hingestellt und mit immer mehr Geld vom Staat gefördert werde. Steinfeld schwafelt sogar vom „unendlichen Wohlwollen des Staates gegenüber der Kultur". Das ist dreist gelogen: 2001 handelte es sich noch um 8,4 Milliarden Euro staatliche Kulturförderung. 2007 waren es nur noch 8 Milliarden - lächerliche 1,73 Prozent der öffentlichen Gesamtausgaben[3]. Berücksichtigt man für diesen Zeitraum statt der frisierten offiziellen Zahlen eine jährliche reale Geldentwertung von 3 Prozent, so bedeutet dies, daß in dem fraglichen Zeitraum der Kultur der Gegenwert von deutlich mehr als einer Milliarde Euro entzogen worden ist. Reduzierung allüberall: Die öffentlichen Theater in Deutschland bauten in dreizehn Jahren fast zwanzig Prozent ihrer Belegschaften ab und erhielten 2006 mit 2,078 Milliarden 66 Millionen Euro weniger als fünf Jahre zuvor. Der Eigenfinanzierungsanteil wurde von um die fünfzehn auf über zwanzig Prozent gesteigert. Aber gleichzeitig sinken die Zuschauerzahlen immer mehr, weil weniger Aufführungen (und weniger attraktive) stattfinden.

Viele Künstler verdienen in der „Kulturnation" Deutschland erbärmlich wenig. Das Mindesteinkommen derjenigen, die über die Künstlersozialversicherung versichert sein wollen, muß IM JAHR mindestens 3900 Euro betragen, wobei selbst dieser Miniaturverdienst in sechs Jahren zweimal unterschritten werden kann. Weniger als vierhundert Euro im Monat - das ist auf dem

---

[3] „KulturSPIEGEL", Nr. 2/2008

Hartz-IV-Niveau und es entspricht in der Tat der Wertschätzung vieler saturierter Bürger für „ihre" Kultur. Geben soll es sie eigentlich schon, nur lästig werden darf sie nicht und kosten sollte sie nur ein Trinkgeld. Laut Künstlersozialkasse haben die in ihr Versicherten ein Jahresdurchschnittseinkommen von rund 11.000 Euro - also weniger, als viele Studenten als Stipendium erhalten und weniger als die Hälfte vom Durchschnittsverdienst der Arbeitnehmer, der 2006 im Durchschnitt 26.700 Euro erreichte[4]. Kennzeichnend ist, daß hier die Frauen unabhängig vom Alter fast immer deutlich weniger verdienen als ihre männlichen Kollegen und deutlich seltener als diese versichert sind.

Kultur wird von der etablierten Politik im wesentlichen als „Kulturwirtschaft" definiert, die dann natürlich Fernsehstudios sowie Design-Center umfaßt und nach abgeworfenen Gewinnen bzw. geschaffenen Arbeitsplätzen beurteilt wird. Sogenannte „Sponsoren", die wie der Chef des Unternehmerverbandes Ruhr-Niederrhein Heinz Lison nur Geld locker machen wollen, wenn es „Highlights" gibt[5], prägen das Denken und Handeln der von ihnen abhängigen Politikverweser. Flankiert werden sie von „Kulturschaffenden", die wie Sascha Hehn für 23 Tage vor der Kamera bei „Eine Liebe auf Mallorca" über 100.000 Euro oder wie Reinhold Beckmann für vier Jahre gelegentliches Moderieren rund fünf Millionen Euro kassieren, oder sogar wie Harald Schmidt als Spitzenverdiener neben 30.000 Euro Honorar pro Sendung noch die Einnahmen der eigenen Produktionsfirma abstauben können[6].

Zu dem Reibach per Pseudo-Information, Pseudo-Bildung, Pseudo-Kultur kommt die Verwurstung großer Kunst - von Mozart bis zu Picasso. Alles ist recht, was Geld bringt. Untrennbar mit der Geschäftemacherei verbunden ist gleichzeitig der permanente

---

[4] Statistisches Bundesamt, siehe Olaf Zimmermann und Gabriele Schulz (Hg.: Bd.min. für Arbeit und Soz.) „Künstlersozialversicherungsgesetz. Hintergründe und aktuelle Anforderungen", Bonn 2007, S. 61

[5] „Wenn gesponsert werden soll, muß das Angebot stimmen ... Bisher fehlen mir da die Highlights." „WAZ", 2. 12. 1998

[6] „Bild am Sonntag", 25. 7. 1999

Kulturabbau, das Kaputtsparen Richtung blankes Nichts. An vorderster Front dabei finden wir die deutsche Sozialdemokratie. Das kann nur den wundern, der immer noch ein aus besseren Zeiten der Arbeiterbildung und Traditionsbewußtheit stammendes rosiges Bild der SPD sich konserviert hat. Inzwischen ist diese Partei in einem intensiven Wettstreit mit einer in fundamentalistischer Manier pro-kapitalistischen FDP, einer zunehmend entchristlichten und entseelten CDU und den rothlich verfischerten GRÜNEN um die Palme der allerantikulturellsten Partei Deutschlands. Die kaltschnäuzige Absetzung der Bochumer Kulturdezernentin Ute Canaris im August 1998 und die Ersetzung ihres Amtes durch ein Ressort für „Bildung und Freizeit", die weitverbreitete Umwidmung von Kulturpolitik zu einem Wurmfortsatz von Jugend-, Frauen-, Sport- und Sonstwas-Politiken („Gedöns") gehört seit mehreren Jahrzehnten zum spezialdemokratischen Werkzeugkasten.
Zur Crème de la Crème, zur allerersten Sahne dieser SPD gehören Leute wie der Oberbuchhalter Hans Eichel, der bekanntlich vor einigen Jahren 50 Milliarden aus der UMTS-Aktion von den Mobilfunkfirmen einsackte, welche diese dann umgehend den Städten steuersparend in Rechnung stellten bzw. sich über exorbitante Preise von der Bevölkerung zurückholten. Parallel dazu durfte damals der Kulturstaatsminister, zuständig fürs Feigenblatt-Wedeln, 0,05 Prozent davon, sprich 25 Millionen, als „Kulturstiftung" mit großem Tam-Tam anpreisen, wobei dieses Geld dann auch noch im wesentlichen der „avantgardistischen Medienkunst" - also einer obskuren Selbstbefriedigungsszenerie - zugute kam. Parallel dazu sanken damals die staatlichen Zuweisungen an die Kommunen um durchschnittlich 17 Prozent, wobei etliche Städte wie Ludwigshafen (minus 68,5 %) oder Rostock (minus 46,3 %) besonders massiv von Kürzungen betroffen waren. Eichel gab damit den Takt vor für Kulturabbau in großem Stil, wie er dann mit einer Schließungsorgie ohnegleichen (von Schulbüchereien bis zu elf Goethe-Instituten) durch die rosagrünen Innen- und Außenpolitiker exekutiert wurde. Von 2001 bis 2005 sanken die Ausgaben im Kulturbereich beim Bund um 3,6 %, bei den Gemeinden um 5,6 % und bei den Ländern sogar um 8,5 % -

nominal wohlgemerkt, denn vom realen Kaufwert her waren die Abstriche natürlich noch wesentlich massiver. Zu berücksichtigen ist dabei, daß auf den Bund nur etwas mehr als eine Milliarde Euro entfielen, auf die Länder und die Gemeinden jeweils mehr als das Dreifache dieser Summe. All das verband sich mit dem dummen Geschwätz, es sei kein Geld da. Natürlich war und ist das Geld reichlich vorhanden, aber es wurde und wird verwandelt in Prestigebauten, Waffenpotentiale und Politikerpensionen. Andererseits werden Kulturprojekte ausradiert, wie 2006/7 die äußerst verdienstvolle Internetz-Plattform „Dschungelbuch NRW" des Kulturrats NRW, die seit 2003 den Künstlern Pfade durchs Förderungsgestrüpp gewiesen hatte. 12.500 Euro Förderung waren es, die dem Dschungelbuch „fehlten" und die die Kulturbürokraten mit Leichtigkeit durch Wasserkopfverkleinerung und Abblasen einer der zahlreichen Prestige- und Protzveranstaltungen hätten einsammeln können. Aber gerade die sozialdemokratischen Kleinbürger sind fixiert auf sogenannte „Leuchttürme". Die Kultur soll „durch zusätzliche Impulse in der Spitze bereichert werden", wie es Ilse Brusis, die damalige Kulturministerin von NRW und vorherige Chefin der Gewerkschaft Erziehung und Wissenschaft, im März 2000 ausdrückte - natürlich unter Anleitung „herausragender Persönlichkeiten" von „Weltruhm", die dann so wundervolle Projekte vorschlagen wie „Kunst-Projekte NRW", ein „Netzwerk von Veranstaltungsorganisationen"[7]. Dabei wird dann die Literatur besonders stiefmütterlich behandelt, denn die Befürchtung eines Literaturfunktionärs aus dem Ruhrgebiet gilt offenkundig als die handlungsleitende Maxime der Kultur-Terminatoren: „Literatur ist eben wenig Event-kompatibel[8]."
Man fragt sich, wie angesichts einer so desolaten Politik einer so desolaten Partei Olaf Zimmermann, der Geschäftsführer des Deutschen Kulturrates, 2005 in einer Stellungnahme zum SPD-Wahlmanifest zu folgender Bewertung kommen kann: „Die SPD hat in den vergangenen sieben Jahren wichtige Akzente in der Kulturpolitik gesetzt." Der angeblich „wichtige erste Schritt", einen

---

7 „Kölner Stadt-Anzeiger", 14. 3. 2000

8 „Kölner Stadt-Anzeiger", 14. 3. 2000

„Beauftragten für Kultur und Medien beim Bundeskanzler" einzusetzen, bedeutete ja lediglich, daß Gerhard Schröder aus taktisch-manipulativen Überlegungen heraus den von ihm – dem Genossenboß mit dem pseudoproletarischen Macho- und Brutalo-Gehabe - zutiefst verachteten Schöngeist Michael Naumann als eine Art Kultur-Hausmeister installierte. Bezeichnenderweise schwieg sich die SPD in ihrem Wahlmanifest von 2005 zur Frage der auswärtigen Kulturpolitik aus und reduzierte die notwendige integrative Bildungspolitik auf Deutschkurse. Allerdings kamen von den Konkurrenzparteien ähnliche Signale: Die CDU/CSU schwafelte unverbindlich davon, das „lebenswerte Deutschland" („weltoffen, sicher, handlungsfähig") werde „Kunst und Kultur fördern". Fragt sich nur, wie sehr. Typisch auch die feige, verlogene Haltung der grünen Parteitagsmehrheit: Die ursprüngliche Festlegung, die Mittel der Auswärtigen Kulturpolitik dürften nicht weiter (wie unter Joschka Fischer üblich) gekürzt werden, wurde in der Endfassung des grünen Wahlprogramms wieder gekippt und es wurde nur noch unverbindlich „Stärkung" versprochen. (Ganz nebenbei: Auch der neu-alte Hoffnungsträger Oskar Lafontaine offenbarte einst als SPD-Kanzlerkandidat sein Kulturverständnis in unnachahmlicher Weise. Handverlesene Künstler wurden vor der Wahl als dekorative Staffage ins Kölner Fünf-Sterne-Hotel „Hyatt" eingeladen und einen Tag lang zu folgenlosem Geplauder über die SPD-Wahlversprechen animiert. Die damals 500 DM pro Nacht und Nase und die sonstigen Kosten übernahm die Parteikasse. Oskar le Grand schwebte mit dem Hubschrauber ein und stand für die Kameras zur Verfügung. Nach zwanzig Minuten passierte, was zu Zeiten der Minnesänger der Kürenberger so trefflich beschrieb: „Er huop sich uf vil hohe und floug in anderiu lant.")
Wie es um die Kultur in Deutschland steht, wird besonders deutlich an den Auseinandersetzungen um die Künstlersozialversicherung. Das „Gesetz über die Sozialversicherung der selbständigen Künstler und Publizisten" (KSVG) aus dem Jahr 1983, nach einem mehrjährigen Gezerre (Künstlerbericht der Bundesregierung vom 13. 1. 1975, vier Gesetzentwürfe zwischen 1976 und 1980) gegen den massiven Widerstand der Anti-Künstler-Lobby aus Vermarktern und Unionsfürsten im Bundesrat zustande gekommen und

inzwischen mehrfach überarbeitet, wird weiter von denen attackiert, die zwar selbst keine Ideen und kein kulturelles Sensorium haben, aber mit der Kultur ungestört Kasse machen wollen. Natürlich zogen diese Leute längst schon (nur leider leider vergeblich) vor das Bundesverfassungsgericht. Dennoch verweigern weiterhin manche Firmen rechtswidrig die Zahlung der Abgabe, obwohl die Verwerter nicht etwa wie sonst im Wirtschaftsleben für den halben Anteil aufkommen müssen, sondern aufgrund eines zwanzigprozentigen Bundeszuschusses (also aus Steuern) lediglich für drei Zehntel. Ohnehin ist der Haushalt der Künstlersozialkasse mit 556 Millionen Euro im Jahr 2006 zwar deutlich höher als in den achtziger und neunziger Jahren, reicht aber immer noch nicht aus.
Im Dezember 2007 bzw. im Januar 2008 forderten der Deutsche Industrie- und Handelskammertag (DIHK) und der Bundesverband Mittelständische Wirtschaft (BVMW) erneut die Abschaffung der Künstlersozialversicherung.[9] Mario Ohoven, Präsident des BVMW und mit seiner aufgedonnerten Gattin immer wieder als Mäzen auf den obligaten „Charity-Events" zu finden, jammerte über den „erheblichen bürokratischen Mehraufwand" bei der Prüfung aller Rechnungen aus den letzten fünf Jahren, der allerdings nur für den entstand, der zuvor gesetzwidrig seinen Abgabepflichten nicht nachgekommen war. Mit derselben Begründung könnte man versuchen, sich um die Zahlung von Steuern und Sozialabgaben zu drücken. Immerhin sind es 160.000 selbständige Künstler, Autoren und Journalisten, die über das KSVG eine materielle Mindestabsicherung im Krankheitsfall und im Alter erhalten. Wie bei Lobbyisten üblich korrigierte der DIHK-Generalsekretär Schleyer ein wenig die Wahrheit, als er behauptete, die Künstlersozialabgabe müsse bereits für die Gestaltung einer Broschüre oder einer Internetz-Seite bezahlt werden, obwohl dies für die nur gelegentliche Beauftragung von Künstlern bzw. Publizisten eindeutig im § 24 des KSVG ausgeschlossen ist. Auch bis zu zwei Firmenveranstaltungen pro Jahr sind von Abgaben befreit.

[9] „mediafon", 21. 1. 2008

Während Bertelsmann Jahr für Jahr Gewinne jenseits der Milliardengrenze mitteilt, die dann schon rund der Hälfte dessen entsprechen, was die in der Künstlersozialkasse (KSK) versicherten Künstler verdienen, liegt das durchschnittliche Monatseinkommen der Künstler vor Steuern deutlich unter 2000 Euro - und oft ist es so niedrig, daß die Künstler nicht einmal in die KSK aufgenommen werden. In den letzten Jahren wurden rund ein Drittel der Neuanträge abgelehnt. Die Kennzeichnung „in der Sahelzone der Einkommen" entspricht also den Tatsachen. Eins ist dabei sicher: die Altersarmut. Wer zehn Jahre lang aus seiner künstlerischen Arbeit nur den Durchschnittsbetrag der in der KSK Versicherten verdient, erwirbt sich in dieser Zeit lediglich einen späteren Rentenanspruch von rund 100 Euro.

Niemand soll sagen, es gehe nicht anders: Die elsässische Stadt Straßburg gibt 26 Prozent ihres Etats für Kultur aus - und damit in absoluten Zahlen genausoviel wie das sehr viel größere Lyon[10]. Natürlich würde sich aber wenig genug ändern, wenn nur die Geldflüsse umgeleitet würden in den Kulturbereich, während das vorherrschende Kultur-Welt-Bild unverändert bliebe. Der methodisierte Wahnsinn und der progressiv fortschreitende Schwachsinn gehen nicht zuletzt von jenen Pseudo-Intellektuellen aus, die als Kraftfahrzeuggutachter oder Sportreporter vielleicht nicht ganz unbegabt wären, die aber mit ihren Holzhammeranalysen und ihrer Fixiertheit auf Rekordverkündung nur ihren kompletten Mangel an geistiger Substanz offenbaren. In diesen Bereich gehören auch Absurditäten wie die in der französischen Literaturzeitschrift „LIRE" 2005 aufgestellte Liste der fünfzig angeblich für die Weltliteratur des einundzwanzigsten Jahrhunderts wichtigsten Schriftsteller. 6 US-Amerikanern, 5 Iren, 3 Engländern, 3 Australiern und 1 Schottin stehen dabei folgende vier deutschsprachige Autoren gegenüber: der Schweizer Peter Stamm, ferner Zzusza Bank, Sherko Fatah, Marice Bodrožic. Ach ja, die Ureingeborenen in Deutschland haben eben nicht die

---

10 DLF, 29. 2. 2008

„unglaubliche Energie", die „LIRE" „Anlaß zu Optimismus hinsichtlich der Zukunft der Literatur" geben[11].
2001 war der „PISA-Schock" in allen Schlagzeilen. Leider führte der angebliche Schock zuerst zu einer Art Angst-Starre, dann zu zügigem Rückfall in die alte selbstgewisse Schnarchnasigkeit. Zwar stiegen in der Nach-Pisa-Ära die Ausgaben für den Schulsektor laut Statistischem Bundesamt[12] von 127,3 Milliarden Euro 2003 auf 128,9 Milliarden Euro 2005, dafür sanken aber parallel die Aufgaben für sonstige bildungsrelevante Ausgaben von 20,5 Milliarden Euro im Jahr 2003 auf 15,9 Milliarden Euro 2005, also rund um ein Viertel[13]. Immerhin gaben die Privathaushalte trotz zurückgehender Realeinkommen 2005 knapp zehn Prozent mehr aus als 2003. All dies vollzieht sich in einer Welt, die das 1990 proklamierte Unesco-Ziel, die Zahl der Analphabeten bis zum Jahr 2000 auf die Hälfte zu reduzieren, deutlich verfehlt hat: Es sind noch immer 880 Millionen. 113 Millionen Kinder gehen nicht regelmäßig zur Schule.
Das laute Hosianna rund um die hektisch blinkenden Kultur-Leuchttürme soll die offenkundigen Barbareien und Eseleien vergessen machen - man denke nur an den unseligen einstigen NRW-„Landesvater", den „Bruder Johannes" Rau, und seine haßerfüllte Vertreibung von Joseph Beuys aus der Düsseldorfer Kunstprofessur. Man erinnere sich, wie nicht allein Leverkusener SPD-Frauen ein Beuys-Kunstwerk zur Bierkühlung mißbrauchten und dabei zerstörten, sondern wie auch Bilder von Emil Schumacher in einer Hagener Jugendherberge und in einer Schule überstrichen wurden. Die in Mode-Wellen auftretenden Buchmarkt-Blüten verstellen den Blick darauf, daß eine allzu große Zahl von Kindern in den Industrieländern minimalste Lese- und

---

[11] www.buchmesse.de, 22. 7. 2005

[12] Daten vorgelegt am 4. 4. 2007

[13] Hierbei geht es um Kinderbetreuung in öffentlichen Krippen und Horten, betriebliche Weiterbildung, Volkshochschulen, Einrichtungen für Lehrerfortbildung und Jugendarbeit, Förderung der Teilnehmer an Weiterbildungsmaßnahmen (etwa über die Arbeitsagentur).

Schreibkenntnisse erwirbt, daß es in zahllosen Haushalten so gut wie keine Bücher gibt. Die Schuld daran dem Vordringen des Internetzes zu geben, wäre allerdings äußerst irrig. Denn es sind, wie etwa eine französische Untersuchung[14] zeigte, gerade die eifrigsten jungen Buchleser, die am stärksten das Internetz nutzen, weil sie vor allem Unverstandenes in der Lektüre auf diesem Weg zu klären versuchen. Bereits unter den Kindern teilt sich das Feld auf. Da umfassen, wenn man nach der nicht von der Schule als Pflichtprogramm vorgegebenen Lektüre fragt, in Frankreich die Viel-Leser rund ein Zehntel, die regelmäßigen Leser rund zwei Zehntel, die gelegentlichen Leser (ein- bis zweimal pro Woche) rund zwei Zehntel, die Selten-Leser (ein- bis zweimal pro Monat) rund drei Zehntel und die Nicht-Leser mindestens zwei Zehntel, eher etwas mehr. Schon vor dem Erwachsenen-Alter gibt es also eine deutliche Zweiteilung: Ein Drittel hält Bücher für verzichtbar, ein Drittel weiß nicht so recht, ein Drittel kann ohne Bücher nicht leben. Ein Forschungsprojekt der Pädagogischen Hochschule Ludwigsburg offenbarte 2004, wie groß die kulturellen Probleme unter der deutschen Jugend sind: 45 % der Jungen nennen den Computer bzw. die Spielekonsole als Lieblingsmedium (Mädchen: 2 %), 17 % der Mädchen nennen die Seifenopern, die Soap-Serien, als erstrangig (Jungen: 2 %). Lediglich 8 % der Mädchen und 3 % der Jungen bevorzugen Bücher als Freizeitbeschäftigung[15]. In mehr als neunzig Prozent der Haushalte steht ein Fernseher - und oft ist er eine Art Hausaltar für endlose obskure Riten. Oder worauf soll man bei einer durchschnittlichen täglichen Fernsehdauer von 354 Minuten - also knapp sechs Stunden - schließen[16]? Und diese mentale Krankheit verschlimmert sich, denn 1992 waren es erst im Durchschnitt 275 Minuten täglich, mithin mehr als eine Stunde

---

[14] Referiert in „Livres Hebdo", 6. 7. 2007

[15] „Buchkultur" Nr. 93, Juni/Juli 2004, S. 8

[16] lauf AGF/GFK-Fernsehforschung, Zahlen von 2004

weniger. Dabei stellt sich natürlich auch die Frage, inwieweit der epidemische, suchtähnliche Mißbrauch des Fernsehens als Lebensersatz und Wirklichkeitsbeseitigungsmaschinerie zu einem Absinken der moralischen Maßstäbe ins Bodenlose verhilft: Wenn auf dem Höhepunkt der Big-Brother-Serie in RTL 2 nach einer Umfrage der Zeitschrift „TV Neu" 43,5 % der Befragten für eine weitere Ausstrahlung der Serie und nur 34,8 % für eine Absetzung stimmten[17], dann zeigt sich auch hier die quantitative Überlegenheit derer, die ihre konsequente Verdummung fordern und denen es recht ist, wenn „grundlegende Instinkte ausgenutzt" werden, „um Einschaltquoten zu generieren" (Steven Schwal von der medienkritischen US-Organisation „Parent's Television Council"[18]).

(2008)

[17] „Kölner Stadt-Anzeiger", 13. 3. 2000
[18] „Kölner Stadt-Anzeiger", 13. 3. 2000

Glauben und Kunst

Zwölf Thesen

1. Glauben und Kunst sind Grundtatsachen des menschlichen Lebens. Ohne Glauben kein Mensch, ohne Kunst kein Mensch. Kein Mensch ohne Glauben, kein Mensch ohne Kunst - wie verborgen und verdrängt auch immer.

2. Glauben und Kunst sind schöpferisch oder sie sind nichts. Sie sind Teil der großen Schöpfung aller Dinge und eine der Essenzen, eines der Abbilder der göttlichen Schöpfung.

3. Glauben und Kunst sind in und mit der Welt und zugleich gegen die Welt und außerhalb der Welt.

4, Glauben und Kunst benötigen Tradition und Veränderung als Fundament und Lebenselixier.

5. Tradition wirkt, sie hält sich dauerhaft und hält die Menschen auf Dauer, wenn sie lebendig bleibt, neu belebt wird, im Kern des Lebens und nicht an dessen dekorativem Rand steht.

6. Veränderung muß den Grundzug der Notwendigkeit und Unerläßlichkeit haben. Sie muß, auch wenn sie urplötzlich auftritt, zuvor organisch gewachsen sein und sich ihrer Vorgeschichte stellen.

7. Glauben und Kunst brauchen Form und Fülle, die Enge der klaren Gestalt und die Weite des unendlichen Horizonts.

8. Glauben und Kunst zeigen jederzeit und auf allen ihren Stufen auf ihre besondere Art Vollkommenheit und Unvollkommenheit, das Göttliche und das Menschliche.

9. Dem Glauben und der Kunst ist nichts Menschliches fremd. Sie kommen aus dem Herz der Wirklichkeit, aus der Widersprüchlichkeit, aus der schmutzigen Erde und streben ins Licht. Der reine Glauben und die reine Kunst wären unfruchtbar und ohne Nachfolge.

10. Es gibt keine Kunst ohne Glauben, wie es keinen tiefen und fruchtbaren Glauben ohne Kunst gibt. Für den Glauben und für die Kunst ist Gott gegenwärtig, greifbar, begreifbar und zugleich ist er der Verborgene und Unsagbare. Ihn in der Kunst zu finden ist das Abenteuer einer Suche und der Schwierigkeit, die gefundenen Spuren und Leerstellen zu deuten.

11. Die Kunst dient dem Göttlichen, um es zu verbildlichen, zu verlebendigen, hörbar und sichtbar zu machen. Das Göttliche dient der Kunst, um sie an die Grenzen zu führen und über sie wie über sich selbst hinaus.

12. Glauben und Kunst sind aus innerster Notwendigkeit zur Freiheit verurteilt. Sie können sich nur an das halten, was sie glauben und handelnd verwirklichen und damit an das, was sie selbst sind. Jeder hat nur seinen Glauben und seine Kunst als Gesetz für sich und Endpunkt. Jeder braucht sein äußerstes Bemühen und die größte Gnade.

Über Dinu D. Amzars Gedichtwerk

Anschlag und Auftrag

Das deutsche Lesepublikum hat eine merkwürdige Neigung zu exotischen Verfassern - der lebenslänglich weggesperrte Mörder, der urtümliche Fährtenleser, der in zahlreichen Berufen mehr oder weniger tätig gewesene Dauernomade, der Ex-Priester und Noch-Schafhirte, sie alle möglichst noch geadelt durch Talkrunden-Prominenz und BILD-Bebilderung, entsprechen eher den Markterwartungen als ein Lyriker und Erzähler wie Dinu D. Amzar. Aber dieser gelernte Mathematiker, 1943 in Berlin geboren, benötigt keine pittoresken Lebensumstände und Legenden. Konsequent auf Show-Mätzchen und theatralische Zurschaustellung verzichtend, hat er seine biographischen Besonderheiten als in Deutschland aufgewachsener Sohn eines rumänischen Diplomaten und Philosophen und seine früh einsetzende Erblindung in exzellente Literatur verwandelt. Seine Lebensstationen sind übersichtlich: Kindheit und Jugend in Immenthal bei Kempten und Wiesbaden, Studium der Mathematik und Physik in Mainz, zehn Jahre Tätigkeit als Diplom-Mathematiker im Statistischen Bundesamt Wiesbaden, danach mehr als zwei Jahrzehnte als freier Schriftsteller in Sigmaringen an der Oberen Donau und noch einmal für ein Jahrzehnt in Wiesbaden. Seit 2016 wohnt er mit seiner Frau in Bad Dürrheim.

Die Präzision des Mathematikers verbindet sich bei Amzar mit der Tiefe und spirituellen Inbrunst des gläubigen Christen. Seine Sprache ist klar und einfach; sie verschmäht auch den gezielten Ausflug in Alltagsformulierungen und banale Verrichtungen oder in die jedem von uns bekannten Beziehungskonflikte nicht. Gleichzeitig beschwört sie eine Mythisierung der Geschichte, ihren Übergang in kosmische Dimensionen. Die religiöse Botschaft und das Schicksal des Autors durchdringen sich. Träume, Phantasien und Visionen verwandeln sich in Gedichte. Die unzähmbare Wildheit der Natur wird zum Thema, etwa im Gedicht *Das Auge des Zyklons,* ebenso die unruhige Großstadtszenerie, aber auch die Geborgenheit im großen Zusammenhang. Die uralt-ewige Auseinandersetzung eines Dichters mit dem Vater-Gott und dem eigenen Vater wie mit der Mutter verwandelt sich genauso in Lyrisches wie die Auseinandersetzung mit den eigenen Behinderungen.

Der Terrorist bekommt einen Auftrag und verübt einen Anschlag. Was aber, wenn das Schicksal selbst einen Anschlag verübt und hernach einen Auftrag vergibt? Davon handeln die Gedichte in Dinu D. Amzars Gedichtwerk *Anschlag und Auftrag,* seinem sechsten Lyrikband, den er nach zwölfjährigem Schweigen 2015 vorlegte. Sich dem Auftrag stellen, der Herausforderung! Die Texte kreisen namentlich um die schleichende Erblindung, die eine gesetzlich erzwungene Pockenschutzimpfung 1944 auslöste. Darauf hatte schon der erste Gedichtband *Sehübungen an Rebengerippen* (1975) hingedeutet. Die gleiche Stoßrichtung dokumentiert sich im Gedichtband *Die Windhose der Rauchsäule aus Rauchringen* (2002) oder in der noch unveröffentlichten Sammlung *Der Kranführer und andere Prosa.*

Wer blind zu werden droht, unterliegt Fesseln, die keine Technik zu sprengen vermag. Die Sehkraft steht nur für andere Einschränkungen. Sie erzwingen den Umstieg ins Geistige. Es läuft auf eine Zwiesprache mit Gott hinaus - wie im noch unpublizierten Roman *Das Luftloch – ein Liebesroman ohne Liebe zur Austreibung des Unglaubens.*

Deutlicher als früher wird in *Anschlag und Auftrag* der religiöse und der kosmische Bezug spürbar. Beide gehen häufig eine Symbiose ein, sind gar identisch. Charakteristisch an diesem Stil ist der Gedankensprung vom Alltäglichen ins Über-Irdische - ein Merkmal, das schon an Amzars Jugendgedichten *Gebiete den Grillen zu schweigen* (ab 1958 geschrieben, 1979 erschienen) deutlich wird. Die Unmittelbarkeit Gottes als der einzige Zugang, der Glauben und Wissen versöhnt, schimmert überall durch. Der Autor, als Rumäne gläubiger Christ orthodoxer Konfession, steht damit in der Nachfolge seines Vaters Dr. Dumitru Cristian Amzar (1906-1999), der sich religionsphilosophisch und religionssoziologisch mit dieser Frage auseinandersetzte. Die in Bukarest bisher erschienenen Bände der vierzehnbändigen Gesamtausgabe, deren Mitherausgeber der Sohn ist, legen davon Zeugnis ab, ebenso Dora Mezdreas 2013 erschienene *Biobibliografie Dumitru Cristian Amzar*. Wie schon sein Vater stemmt sich auch Dinu D. Amzar gegen die Säkularisierung und Entgöttlichung im Zuge positivistischen Denkens. Als Napoleon um 1801 den großen italienisch-französischen Mathematiker Joseph-Louis de Lagrange (1736-1813) fragte, wo in seiner neuen *Himmelsmechanik* denn nun Gott zu finden sei, erwiderte der Gelehrte: *„Sire, je n'ai pas besoin de cette hypothèse."* („Ich brauche diese Hypothese nicht.") Das ist der eine Höhepunkt der Gottesferne im neunzehnten Jahrhundert. Der andere ist Nietzsches Kernaussage *Gott ist tot*.
Amzar empfing die Inspiration zu den Gedichten von *Anschlag und Auftrag*, die oft genug nach dem Sinn des Lebens fragen, zwischen 1979 und 2008 in der Bergwelt des Ausseer Landes im Steirischen Salzkammergut - jahrzehntelang ein Mekka für Künstler und Schriftsteller wie Johannes Brahms, Hugo von Hofmannsthal, Friedrich Torberg, Jakob Wassermann. Als ein Epitaph auf eine zweiundzwanzigjährige Drachenfliegerin, die

1979 oberhalb des Altausseer Sees am Loser zerschellte, einem zum Toten Gebirge gehörenden Berg in der Steiermark, haben diese Gedichte zum Teil durchaus testamentarischen Charakter - auch im Blick darauf, daß in ihnen der Dichter nach einem langen, schwierigen Leben ein Fazit zieht, eine poetische Quintessenz aus Siegen und Vergeblichkeiten.

Dinu D. Amzar *Anschlag und Auftrag,* Edition Bärenklau, Bärenklau 2015, 100 S., Rote Reihe Lyrik Nr. 2.

Franz Heinz - Dichter der *Unpatriotischen Heimsuchungen*

Leider Gottes nicht immer währet das Leben achtzig Jahre oder gar noch mehr. Aber auch der, dem der Himmel eine solche lange Zeitspanne gewährt, behält selten genug jene jugendlich-unverwüstliche Schöpferkraft, wie sie der alte Goethe des *Faust II* immer noch besaß oder der noch ältere Tizian der *Schindung des Marsyas*. Der Normalfall ist es, daß ein Künstler nach unsicheren Jugendwerken um die Lebensmitte herum seine persönliche Bestform erreicht, dann entweder verstummt und den Nachlaß ordnet oder aber mit der leicht variierten Wiederholung erfolgreich gewesener Muster in dauerhafte Stagnation und unaufhaltsamen Abstieg gerät. Franz Heinz, 1929 im rumänischen Banat geboren, ist eine der Ausnahmen von dieser Regel. Die Gedichte dieses Bandes, die oft der jüngsten Vergangenheit entstammen, zeigen den Dichter formal und inhaltlich auf der Höhe seiner Kunst. Seine poetische Lebenssumme ist unglaublich gegenwärtig, weist aber auch etwa im Gedicht *Autobiografie* weit zurück in eine Kindheit und Jugend im Schatten des fernen deutschen Nationalsozialismus, der großrumänischen „Eisernen Garde" und eines Stalinismus, der zunächst ein bedrohlicher Nachbar und dann für über vierzig Jahre in einer rumänischen Variante das herrschende Gesellschaftssystem war.

Franz Heinz, der aus seinem Geschichtsstudium und seiner langjährigen Arbeit als Journalist stets mit wachem Blick die politische Sphäre beobachtet und kommentiert hat, beginnt seine *Unpatriotischen Heimsuchungen* mit dem im wahrsten Wortsinn brennend aktuellen Text *Willkommen in D!.* Man spürt die

Erlebnisse und Erfahrungen eines Mannes, der zwei Drittel des dunklen zwanzigsten Jahrhunderts in Rumänien und Deutschland erlebt hat und daraus auf dem Hintergrund der alten Schrecken die neuen Fährnisse deutet. Im Gedicht *Das elfte Gebot* gewinnen wir Einblick in eine selbstkritische Lebensbilanz. Gegen die Flüchtigkeiten der Parteipolitik, der Geschichte und eines Ruhmes, der „verschallt", setzt der Dichter auf die überzeitlichen Mächte und die unaufhebbaren Widersprüche:

„Es gilt das elfte Gebot:
Die Nelke ist rötlich bis rot
und auch weiß."

Man kann das auch als Hinweis verstehen, daß die reale Blume dem Dichter mehr bedeutet als die rote Papierblume im Knopfloch der Demonstrierenden, wie ihm auch im Prosagedicht *Gotteskinder* die Schönheit des Schmetterlings hundertmal näher ist als die häßliche Trostlosigkeit der Menschen:

„Unsere Erdenschwere ist uns verhasst. Wir schütten, wenn es uns passt, eine Betondecke über die Wiese des Falters. Wir herrschen und sterben selten zufrieden. Wir, die Kinder Gottes, erfanden uns, mangels Trost, das Himmelreich."

Manche seiner Gedichtzeilen haben eine geradezu rhetorische Strukturierung, die mit der Sprache souverän spielt und Wendungen schafft, die etwas von einprägsamen Bonmots und Werbebotschaften haben: „überlassen das Denken den Wiedertäufern, Wiederkäuern, Wiederkäufern"; „Händeln, handeln, hündeln." Nüchtern und reduziert, ohne gefühliges Kommentieren beschreibt Franz Heinz die aufgeregten und aufgeheizten Politrevolten und den damit verflochtenen politischen Betrieb der Staatsgeschäfte:

„Denn alles ist bewegt,
was zu bewegen ist, und mit Geschrei
kommt's auf uns zu und treibt an uns vorbei".

Ohne jeden formalen Dogmatismus und mit großem Geschick nutzt er immer wieder einmal Alltagssprache („cool", „basta" usw.) oder End- und Binnenreime, plaziert volksliedhafte Töne neben durchaus dem Pathos des Dichters als Schmerzensmann huldigenden Elegien. Diese trauern nicht zuletzt der verlorenen und verschwundenen alten Heimat nach, der er vor allem im das Buch abschließenden Gedicht *Es war ein Land* ein ergreifendes Requiem widmet. Allerdings setzt er gleichzeitig gegen eine simple Nostalgie einen Aufruf zur ebenso unmöglichen wie unerläßlichen Quadratur des Kreises:
„Vielleicht ist es das, was zu bestehen wäre zwischen Heimkehr und Anpassung ehemals östlicher Bauern: die heimliche Versuchung, das zu bleiben, was wir nicht mehr sind."
Dieser Lyriker scheut weder die kühle, glasklare und prosaische Aufzählung und Beweisführung und die scharfe Ironie („wenn/zum Pinkeln im Stehn/ salomonisch/ zu urteilen ist"), noch einen Blick aus der Perspektive der Herrschenden auf die da unten. Jenseits der Tagesaffären erschließen sich so literarisch die geradezu ewigen Konstanten der Machtpolitik. Daß Heinz nicht die Partei der Befehlshaber, der diktierenden Chefgenossen ergreift, macht er dabei deutlich, aber er schont weder die Beherrschten noch sich selbst:
„Ich bin informiert,
engagiert, manipuliert.
Ich lasse die Rolläden
runter.
Das liegt,
finde ich,
an den Medien.
Möglicherweise.
Oder auch
nur
an den Pantoffeln."

So kritisch, wie er die gegenwärtige Weltsituation beschreibt, so kritisch sieht er im Prosagedicht *Die Gedanken sind frei* die Befreiungsutopien:

„Die Gedanken sind frei, wenn der Henker Ferien macht. Die Toleranz ist eine Einladung nur zur Trägheit, die verordnete Milde nur eine Falle. Auch Freiheit macht stumm."

Es gelingen ihm Kabinettstücke einer aphoristisch zugespitzten lyrischen Prosa. Sie beschwört in den *Reisebildern* sehr greifbar und doch mit dem Flair des Phantastischen Städte und Landschaften zwischen Bukarest, Fünfkirchen und Görlitz, geschichtsträchtige Bauwerke, Gestalten aus der Historie, den Legenden und der Poesie. In dem abschließenden Zyklus *Pannonische Endzeit* verbindet der Dichter das Allerverschiedenste in einer leicht dahinfließenden Melodik: Die *Bunten Ballons* schweben hoch über dem „Geschwätz der Alten" wie die Falter, die „schon das Fliegen an sich glückselig" macht. Und doch schlägt Franz Heinz von den zeitlosen Disteln in *Zeit der Distel* den poetischen Bogen zum Streit um die Startbahn West.

Seine Sicht auf die Welt ist wie in *Genosse Hunger* oder in *Njet* oft ausgesprochen bitter, sarkastisch und pessimistisch:

„Gott lässt es zu.
Und auch die EU."

Erst recht gilt das für die bitteren Schlußzeilen von *Okzidentale Allergie*:

„Ich habe nun auch genug gedacht, und im übrigen auch alles gesagt. Am liebsten möchte ich schlafen, aber eigentlich habe ich auch genug geschlafen."

Das Welt-Bild des Dichters ist das einer entseelten, gottfernen Welt:

„Die Einsamen heute fragen nicht mehr nach Gott. Sie wohnen im Beton großer Städte und sind ohne Anspruch auf Seligkeiten. Kein Engel erscheint und verklärt die Öde."
Aus dem nächtlichen Blick gen Himmel - ein zentraler Topos der Empfindsamkeit wie der Romantik - wird in *Junger Mond über Saalbach* für den gleichzeitig berauschten und ernüchterten Dichter das Fazit: „Dahin der Tag, dahin auch die Moral" - ein Satz, der auch zu dem ironischen Gedicht *Folklore* paßt, in dem Pseudo-Bayern aus Berlin einen wilden Tanz aufführen. Das *Neudeutsche Wiegenlied* stellt der romantisierten Kindlichkeit die Notwendigkeit entgegen, in einer erbarmungslos kalten Welt wach und abwehrbereit zu sein. Aber dieser immer so skeptische und oft so ironische Dichter hat eine Hoffnung, ja geradezu eine Gewißheit:
„Unsere Sehnsucht, verschüttet, entzückt heute nur noch die Archäologen. Und doch, ich wette, kehren die Träume vom Kilimandscharo wieder in anderen Kindern. Ihre großen Träume liegen, wie unsere damals, gleich hinterm Lattenzaun. Alle Abenteuer werden wieder durchlebt und bestanden. Und bleiben wahr."

Franz Heinz *Unpatriotische Heimsuchungen*, Edition Bärenklau, Bärenklau 2016, 150 S., Rote Reihe Lyrik Nr. 4 (mit farbigen Illustrationen von Gert Fabritius).

Tango und Mond -

Der Lyriker Herbert-Werner Mühlroth

Der Mond tanzt Tango - ein solcher Titel eines Gedichtbandes scheint hinzudeuten auf einen Poeten, der sich in weltenfernen Sphären tummelt und vor den harten Tatsachen ausweicht ins Spielerische eines melancholisch-erotischen Bewegungs- und Klangrituals, halb Argentinien und halb Finnland evozierend, in Innenwelten jenseits von Zeit und Raum angesiedelt. Liest man aber diese Gedichte, so findet sich durchaus das Reflektieren zwischen All und Nichts, der lyrisch-philosophische Dialog oder das analytisch-artistische Sprachspiel, aber auch genug Irdisches, nicht zuletzt die Liebe zwischen einem Mann und jener Frau, die zwischen Begehren, augenblicklichem Abschied und letztem unabänderlichem Abschied ganz konventionell und doch schön als *Wilde Rose* beschworen wird. Selbst das Nichts ist nicht das ganz und gar Andere, sondern, wie es in *Windzeichen II* heißt: „Das Nichts ist überall, gewöhnlich."
Herbert-Werner Mühlroth ist ein gelehrter Dichter, der antike Mythengestalten wie Pegasus und Sisyphos als Formen menschlicher Existenz neu zu erfassen versucht. Aber auch da, wo die Gedichte um die uralt-ewigen Urworte und Zentralthemen abend-ländischer Poesie kreisen - Schweigen, Suche, Zeit, Tod, Licht, Nacht, Augen, das Wort - verbinden sich Philosophie und Wirklichkeit, wird das Allgemeingültige gebrochen durch präzise und konkrete Gegenständlichkeit:
„die rummystäbchen
eingewickelt in kaugummipapier maple leaf

vor 25 jahren" (in *Gesellschaftsspiel mit meinem Sohn*). Auch die Banalität des Lebens angesichts des drohenden Todes wird satirisch aufgespießt:
„als du erwachtest
fragte dich der arzt nach deiner krankenkasse" (in *Angst vorm sterben*).

In *Der Mond tanzt Tango* erfahren wir wenig über Herkunft und lebensgeschichtlichen Hintergrund des Autors. Man sollte beides aber kennen, um den Subtext und Kontext dieser Gedichte besser zu verstehen. In den zwei Gedichten *Heimat* und *Reisepaß* spricht Herbert-Werner Mühlroth über die „Heimat, die wir verlassen haben" und die „Heimat in uns selbst". Er ist ein Dichter zwischen zwei Ländern und zwischen zwei Sprachen, ein Heimatsucher mit einer lange nicht mehr gelebten, aber gleichwohl immer noch innerlich erlebten Banater Heimat und einer deutschen Gegenwarts- und Lebensheimat. Die Sprache seiner Dichtungen, die Sprachen seiner Übersetzungen und seiner linguistischen Arbeit sind damit für ihn immer auch ein Band zwischen deutscher und rumänischer Kultur.
Kann aber seine alte Heimat für jemanden, der vor über 30 Jahren als Jugendlicher diese verlassen hat, überhaupt noch von emotionaler und spiritueller Bedeutung sein? Viele eingeborene Bundesrepublikaner (und nicht allein die Westextremisten und Provinzseparatisten unter ihnen) würden dies strikt bestreiten. Für sie sind Heimat und Identität angesichts des angeblichen „globalen Dorfes" ohnehin böhmische Dörfer und alter Kram. Mehr als eine Heimat - das ist ihnen noch obskurer, allenfalls noch von der Ungeheuerlichkeit übertroffen, daß doch tatsächlich Kinder von angeblich Vertriebenen dreist behaupten, die entweder freiwillige oder jedenfalls doch historisch korrekte Umsiedlung ihrer Eltern habe etwas mit ihnen zu tun und wirke fort. Allenfalls akzeptieren und respektieren die

Bundespfahlbürger noch als Heimatliebe die lokale Verbundenheit mit jenem Ort, wo sie selbst zur Welt kamen und längere Zeit gedankenlos wohnten. Sie sind abgeschnitten von ihren ohnehin schwachen Wurzeln und schneiden sich selbst von ihnen ab. Aus diesem nur zu gern verdrängten Defizit heraus ist ihnen die Rückbesinnung auf die Geschichte, auf die Familien und Gemeinschaften der Vorfahren ein Greuel.

„Jeder kommt irgendwoher, jeder geht irgendwohin" - Ulrik Remys alte Liedermacherweisheit hat ihren harten rationalen Kern. Wer sich dem Werk Herbert-Werner Mühlroths nähern will, muß verstehen, daß er nicht nur von irgendwo kommt, sondern aus einer spezifischen Konstellation. Er stammt aus einer Kleinstadt an der Grenze zwischen Serbien und Rumänien, 40 km von Temeschwar entfernt: Hatzfeld/Jimbolia, rund 700 Jahre alt, einst als „Weimar des Banats" und „Perle der Banater Heide" gerühmt. Der Ort hatte eine wechselvolle, oft unfriedliche Geschichte: Als 1552 die Türken kamen, wurde die Bevölkerung des zuvor zu Ungarn gehörigen Chumbol getötet oder floh. 1718 kam der Ort unter Habsburger Herrschaft, wurde - vor allem mit süddeutschen Siedlern - neu besiedelt und erhielt 1766 den Namen Hatzfeld. Im Zuge der nach 1861 einsetzenden Magyarisierung wurde er unter dem chauvinistischen Ministerpräsidenten Dezsö Bánffy 1899 offiziell in Zsombolya umbenannt, obwohl damals über 80 Prozent der Bevölkerung Deutsche waren. Durch Ansiedlungs- und Repressionspolitik gelang es den Ungarn, den eigenen Bevölkerungsanteil bis zum Ersten Weltkrieg in einer Generation zu verdreifachen auf rund 20 Prozent. Nach demselben unseligen Rezept ging Rumänien vor, das 1923 nach einem serbischen Zwischenspiel die Stadt zugesprochen erhielt: Aus 1 % Rumänen 1910 wurden 8 % 1941, über 30 % 1956 und über 70 % heute, bei gerade noch 3 % Deutschen und etwas über 10 % Ungarn. Die Zerstörung des Deutschtums setzte ein mit dem Abkommen zwischen Hitler und Antonescu 1943, das die Einziehung aller deutschen Männer zur Wehrmacht vorsah, setzte sich fort mit einer Massenflucht vieler Deutscher 1944, den Massendeportationen in die Sowjetunion 1945, der Enteignung der deutschen Bauern 1945, der vollständigen Verstaatlichung 1948, den Verschleppungen in den Bărăgan 1951-1956. Diese Geschichte, die ja immer auch Familiengeschichte mit allen ausgesprochenen Erinnerungen und verschwiegenen Wunden ist, bildet die fernhin reichenden Wurzeln und das geistige Fundament, aber auch den Fond mit einer besonderen süßen und bitteren Würze für diese Dichtungen.

Herbert-Werner Mühlroth ist kein einfacher Autor für eine einzige Schublade. Er ist gleichzeitig ein rumäniendeutscher und ein (nord)westdeutscher Autor, gleichzeitig der klassischen Tradition und der Moderne verpflichtet. Das ausgesprochen undogmatische Hinundherwechseln des Autors zwischen Groß- und Kleinschreibung paßt zu seiner generellen Ambivalenz und seiner Freude an Widersprüchen wie etwa der „Hoffnungstrauer", zu seinem Changieren zwischen klar Faßlichem und surrealer Phantastik (*Oase aus Schatten*). Das vollkommen traditionelle vollkommene Sonett *Zeitlose* endet mit der kategorisch revolutionären Aussage über das Herz: „Es kennt nur Beginnen." Dieser Dichter, der erst jenseits der Vierzig mit Gedichten hervorgetreten ist, hat begonnen und wird weiter beginnen.

Herbert-Werner Mühlroth *Der Mond tanzt Tango*, Edition Bärenklau, Bärenklau 2015, 205 S., Rote Reihe Lyrik Nr. 3.

Otto zur Linde –

zwischen den Zeiten und Fronten,

jenseits der Schablonen und Schubladen

Im Nachleben der Dichter wird aus lebendigen, streitbaren und umstrittenen Menschen zuerst eine vage Erinnerung an jemanden, den es so und so gab, dann das Memorieren einzelner Zeilen und Werktitel, schließlich die Reduktion auf den puren Namen und bei viel zu vielen zum schlechten Ende selbst das Vergessen dieses Namens. Otto zur Linde war zwar im literarischen Betrieb stets ein Außenseiter und selbstbewußter Sonderling („Ich kam von Nirgendher/ Und ende nicht" heißt es in *Reziprok*), aber er war, ohne daß er sich einer literarischen Richtung anschloß, bis in die ersten Jahre der Weimarer Republik hinein eine respektierte Größe, allerdings wie einst Klopstock eine eher gelobte als gelesene. Als er in den zwanziger Jahren des zwanzigsten Jahrhunderts abglitt in Krankheit, Verzweiflung und Verstummen, wurde dies auch außerhalb des kleinen Kreises treuer Freunde und Weggefährten zumindest wahrgenommen. Die von der Preußischen Akademie der Künste dem bettelarmen Poeten gewährte einmalige finanzielle Unterstützung und die monatliche Zuwendung der Schiller-Stiftung drückten aus, daß es damals noch ein geistiges Deutschland gab, das von ihm wußte und ihn zumindest oberflächlich wertschätzte. Es war zerrissen in Linke und Rechte aller Schattierungen, in politische Trommler und Politikverweigerer, aber dennoch gab es eine viel umfassendere gemeinsame Öffentlichkeit aus Lesern und Schreibenden und eine größere Offenheit für die Ränder und die Einzelgänger als heute, wo die Maximalprofitorientierung der Buchfabriken und die Borniertheit gewisser, nur beim Erfinden von Verhinderungsmöglichkeiten produktiver Kulturblockwarte den geistigen Wettstreit lähmen und zu ersticken drohen.

Krankheiten, Schicksalsschläge und familiäre Belastungen begleiteten den Lebensweg des am 26. April 1873 in Essen geborenen Dichters. Ein halbes Jahr nach seiner Geburt starb seine Mutter an Tuberkulose. Der Großvater mütterlicherseits, ein Rheinschiffer am Mittelrhein, war ein depressiver Alkoholiker, der durch Selbstmord endete. Bis zum sechsten Lebensjahr war der Junge durch Rachitis und eine damals „Skrofulose" genannte Hauttuberkulose, aus der seine spätere Sehschwäche entstand, ans Bett gefesselt, wurde aber von seiner Stiefmutter liebevoll gepflegt und kam erst mit acht Jahren in die Schule, in die Sexta des Gymnasiums. Der Vater, Karl zur Linde, Sohn einer protestantischen Volksschullehrerfamilie aus dem Nordhessischen, war zuerst Lehrer, dann Berufssoldat, danach Metalldreher, Buchhalter und schließlich nach 1878 in Gelsenkirchen ein durchaus wohlhabender Besitzer einer Kolonialwarenhandlung mit Restaurantbetrieb. Zwischen 1902 und 1904 veröffentlichte er vier Novellen im Selbstverlag. Er starb 1907 in Carlshafen an der Weser.

Otto zur Linde war ein exzellenter Schüler, sprachlich und mathematisch-naturwissenschaftlich begabt. Nach dem 1893 begonnenen Studium der Philosophie (u. a. bei dem Neukantianer Heinrich Rickert), der Anglistik und Germanistik in Berlin, Halle/Saale und vor allem in Freiburg i. Br. wurde er 1898 promoviert. In Freiburg traf er seine spätere Frau Verena, geborene Reichenberger (1871-1962) und seinen Jugendfreund, den irischen Philosophen Charles Humphrey Clarke, dem er 1909 sein im wesentlichen in London entstandenes Werk *Die Kugel* widmete. In diese Zeit fallen auch ein Selbstmordversuch, Depressionen und Phasen melancholischer Apathie, die ihn von nun an sein ganzes Leben lang verfolgten.

1899 ging er mit Clarke für drei Jahre nach England, trieb Studien am British Museum in London, schrieb Artikel und Literaturkritiken für deutsche Zeitungen und heiratete 1900. 1902 kehrte er mit seiner Frau nach Deutschland zurück und wohnte ab jetzt in Berlin, das er nur noch für wenige kurze Reisen verließ. In Berlin erlebte er zunächst seine „einsamste und verlassenste" Zeit, „in der ich kein einziges freundliches Wort erfuhr von meiner Mitwelt". 1903 lernte er den Dichter und Philosophen Rudolf Pannwitz (1881-1969) kennen, mit dem er 1904, den Namen des „Seelenfährmanns, des Mittlers zwischen zwei Welten" aufnehmend, die Zeitschrift *Charon* als „Monatsschrift: Dichtung Philosophie Darstellung" (ab 1909: „Monatsschrift für modernes geistiges Leben, insbesondere Reform der Lyrik") gründete. Sie sollte der radikalen sprachlichen und inhaltlichen Erneuerung der Dichtung dienen - zurück zur Natur, fort von den „Schusterregeln der Metrik". Nach dem Ausscheiden von Pannwitz 1906 gab er sie zunächst allein weiter heraus. Von 1909 bis zur kriegsbedingten Einstellung der Zeitschrift 1914 war der Dichter Karl Röttger (1877-1942), mit dem ihn eine lebenslange Freundschaft verband und der an seinem Grab 1938 die Totenrede hielt, Mitherausgeber.

Durch den Krieg bedingt konnte erst 1920 wieder eine *Charon*-Sonderausgabe erscheinen, der bis 1922 noch 13 *Charon-Nothefte: Der Kompaß* folgten. In ihnen kam in einer Prosafassung der erste Teil des Spätwerks *Die Hölle oder Die neue Erde* heraus. Im *Charon*, der anfangs mit 1000, später mit 2000, ab 1908 mit 4000, 1912/13 sogar mit 8000 Exemplaren aufgelegt wurde, erschienen u. a. Texte von Salomon Friedländer (Mynona), Johannes Schlaf, Else Lasker-Schüler, Rudolf Paulsen. Positive Resonanz erhielt die Zeitschrift von Literaturhistorikern wie Albert Soergel und Josef Nadler, von Autoren wie Hugo von Hofmannsthal, Albert

Verwey, Bruno Wille, Hermann Stehr, Wilhelm von Scholz und Walter von Molo.
1905 gründeten zur Linde und Pannwitz den Charon-Verlag, in dem etliche Bücher von Mitgliedern des Charon-Kreises und dessen Umfeld erschienen (so etwa 1906 die wichtige Programmschrift *Kultur, Kraft, Kunst. Charonbriefe an Berthold Otto* von Rudolf Pannwitz), aber auch 1911 bis 1914 *Die Brücke*, die von Karl Röttger verantwortete monatliche „Zeitschrift für Zeitinterpretation" als „ein Fenster nach außen", in der u. a. Beiträge von Theodor Lessing, Albert Soergel und Herbert Eulenberg veröffentlicht wurden. 1911 bildet sich als Fördergesellschaft die „Stiftung der Charonfreunde" mit mehreren Ortsgruppen.
Otto zur Linde sah den Charon-Kreis, diesen „Geisterstaat" (Rudolf Pannwitz), als Mittel zur Umgestaltung des Denkens und der Gesellschaft in einer Synthese von Religion, Dichtung und Philosophie: „Wer sich ‚Charontiker' nennt, der sei ein LEBENDER, und wirke Leben. Man bedenke, daß Charon nicht bloß ‚gelesen' werden will, sondern vor allem gelebt." Zur Linde ging es stets um „eine lebensvolle Ethik, ein tiefes Forschen und ein neues religiöses Suchen", um Selbstverwirklichung und Selbstverantwortlichkeit: „Wer sich zum Charon schart, ist vor allem und dauernd Einzelner. Der Charon ist: der Einzelne. Und er gibt sich seinen Einzelwert. So will ich in der Tat Schwieriges. Hier soll es heißen: du bist du, nun mach dich selbst."
Otto zur Linde ging nicht den Weg seines Generationsgenossen August Stramm (1874-1915), der mit seinen eigenwilligen, manchmal auch verschrobenen Poemen zu den meist mehr als ein Jahrzehnt jüngeren Dichtern des Expressionismus stieß. Zwar finden sich Vorwegnahmen dieser Richtung und Anklänge an sie bei zur Linde, aber weder sein (man möchte fast sagen „typisch westfälisches") nüchtern-handfestes Temperament, seine durch die englische Zeit und die Heine-Forschung

geprägte Neigung zu Ironie und Selbstverspottung noch seine mystisch-grüblerische Religionsphilosophie paßten zu dem weltrevolutionierenden Jetzt-und-hier-Pathos der Oh-Mensch-Poeten. Auch zum Symbolismus, zum literarischen Impressionismus und zum magischen Realismus finden sich Bezüge und Entsprechungen, aber diese sind letztlich ebenso akzidentiell wie seine Vorgriffe *avant la lettre* auf den Surrealismus. Kennzeichnend für Otto zur Linde ist gerade die fundamentale Ablehnung jeder Unterwerfung unter a priori feststehende Maßstäbe eines klassischen Kanons bzw. einer literarischen Schule. Wie Heidegger sieht er die Dichtung als freies, urpersönliches Aussprechen des Innerseelischen im Gegensatz zu der zahlreichen Regeln und Zwängen des Marktes, der Konvention usw. unterworfenen Literatur: „Kunst ist eine Stufe von Wirklichkeit und Wahrheit, die mit dem sogenannten Leben nicht gemessen werden kann. Sie ist Ehrlichkeit, unerbittliche Ehrlichkeit zunächst in der Sprache."
Manches verbindet zur Linde mit den Kosmikern wie Theodor Däubler (1876-1933) und Alfred Mombert (1872-1942) - wie sie, allerdings seltener als sie, beschwört er die unermeßlichen Weiten des Universums. Anders als sie rückt er stets das Dasein des Menschen in den Mittelpunkt, macht dessen Gewissen als „innere Stimme" und die Auseinandersetzung mit Gott zum zentralen Thema: „Heute will ich nur sagen, was ich glaube." Dieser humanistisch-existentielle Ansatz prägt auch seine zeitkritischen Gedichte, die sich vor allem mit dem Ersten Weltkrieg auseinandersetzen, nicht zuletzt mit der aus Generalsgehirnen entsprungenen fixen Idee, durch ein „Stahlbad" die Herzen zu reinigen. Vom Aktuellsten wendet der Dichter sich hier zurück auf das Überzeitliche:
„Die Weltgeschichte ist ein Spuk,
Das ‚tiefer' Wirkliche sehn nur Erwachte." Er sucht nach der „ACHSE alles Geschichtsgeschehns". Das Gedicht

„Herbstsonne. Wolken. Die Birke ...", für mich die gewaltigste und erschütterndste lyrische Widerspiegelung und geistige Durchdringung des Materialschlachtwahnsinns, verweigert jeden billigen Trost und endet bitter mit der Unheiligen Dreifaltigkeit: „Der Krieg, der Tod, die Pest". In der Schreckensvision der *Totenparade* sieht er die Toten des Krieges durch Deutschland marschieren und klagt wie einst Andreas Gryphius nach dem Dreißigjährigen Krieg über die Vernichtung der Menschen und des Menschlichen, wie auch über das „aus der Rangliste der Reiche" ausgestrichene Rest-Deutschland:

„Ratlos ein Zwischenland zwischen den Völkern,
Eine Geographie und keine Geschichte,
Eine große Leiche, Völkerdünger".

Zwar hat zur Linde inmitten einer „mitleidlosen Zeit" und umgeben von „weltenweitem Leid" die Hoffnung „Und wird einmal kein Morden sein", aber für sich selbst und die eigene Gegenwart sieht er eher das Elend eines armen Poeten, der sich seine „Stelle um Altar, Palast und Hütte" suchen muß. In der Tat lebte er in asketischer Armut. Andererseits legt er, ein moderner Prophet in einer „Herdenzeit", sich darauf fest, „seiner inneren Stimme zu gehorchen über alle Leichen der Welt hinweg".

Im Gegensatz zu Stefan George, der seine von 1892 bis 1919 erscheinenden „Blätter für die Kunst" zunächst bewußt auf einen exklusiven Kreis von 500 Lesern begrenzte, dachte Otto zur Linde demokratisch und wandte sich an das Volk: „Es gibt keine ‚höheren oder niederen Geister', sondern alle Leser sind gleich in ihrem Wesen und Wert." Dies entsprach seiner Sichtweise, daß alle Menschen ein göttliches Potential in sich trügen und seiner grundsätzlichen Bejahung eines auf Dienst an der Gemeinschaft aufbauenden Sozialismus („Gemeinschaftsdienst durch Selbstentfaltung"). Rudolf Paulsen schrieb 1923 über ihn aus Anlaß seines fünfzigsten Geburtstags: „Zur Linde kommt ganz von unten und ganz von innen. Er ist ein

Arbeitersohn aus Westfalen mit dem natürlichen Anstand eines Grandseigneur." Allerdings grenzte Otto zur Linde den „Charon" strikt ab von „geistiger Plebs", den „Herrschaften Dilettanten" und allen, die eine „Literaturjahrmarktsbude" suchten. In den engeren Kreis des „Charon" sollte nur aufgenommen werden, „wer sich als vollwertiger Könner erweist".

Seine entschiedene Absage, Nietzsches Übermensch-Ideen elitär im Sinne einer Herrschaft weniger Herrenmenschen über eine große Sklaven-Masse zu interpretieren, wie seine scharfe Kritik an Siegesgeschrei und Hurranationalismus machte Otto zur Linde den NS-Kulturpolitikern verdächtig, ebenso seine Verurteilung des Antisemitismus, seine eigensinnige Religiosität, seine Sammlung der staatsfernen Charon-Gemeinschaft, seine Kritik am angeblich gesunden Volksempfinden. Zwar erschien noch 1938 kurz nach dem Tod des Dichters ein von Rudolf Paulsen herausgegebener Gedenkband, aber abgesehen von zwei im noch selbständigen Österreich herausgekommenen Dissertationen und der Erwähnung in Literaturgeschichten wie bei Josef Nadler herrschte ein entschiedenes Beschweigen. Die Versuche, daran nach dem Kriege etwas zu ändern, beschränkten sich im wesentlichen auf lediglich drei Auswahlen. Auch daß der bedeutende Verleger Reinhard Piper (1879-1953) dem Dichter, der sich fatalerweise nach der Veröffentlichung der erweiterten Neuauflage der *Kugel* 1923 im Piper-Verlag mit ihm überworfen hatte, weiter verbunden blieb, an der ersten Nachkriegsauswahl der Gedichte mitwirkte und sie in seinem Verlag 1952 erscheinen ließ, verhalf dem Dichter nicht zur Wiederentdeckung. Weder die Prosaarbeiten noch die erhalten gebliebenen Briefe konnten erscheinen, von einer historisch-kritischen Gesamtausgabe ganz zu schweigen. Von dem großen Verswerk *Die Hölle oder Die neue Erde,* dessen mehr als 30.000 Verse 1163 engbeschriebene Seiten füllen, wurde lediglich 1920-1922 in der Zeitschrift „Charon" in „Charon-Notheften" ein Auszug veröffentlicht, noch dazu aus Geldmangel in einer Prosafassung. Nicht unpassend erschien zum ersten Mal nach dem Zweiten Weltkrieg, autorisiert von der Witwe, ein Gedicht zur Lindes in der 1946 von Carola Giedion-Welcker in Bern herausgegebenen und etliche „poètes à l'écart" vorstellenden *Anthologie der Abseitigen*.

In den letzten Jahrzehnten verschwand Otto zur Linde völlig aus dem Bewußtsein der Öffentlichkeit. Noch dazu kursieren absurde Fehlinformationen wie die im Wikipedia-Artikel über ihn, er sei seinem „Vorbild Arno Holz" gefolgt. Vor fünfzig Jahren hatten bereits Hermann Glaser, Jakob Lehmann und Arno Lubos in ihrem weitverbreiteten Standardwerk „Wege der deutschen Literatur" (Frankfurt a. M. 1961) absurderweise Otto zur Linde als „jüngeren Nietzsche-Epigonen" aufgeführt.

Otto zur Linde ist ein religiöser Dichter von einer weit über Kirchen- und Konfessionsgrenzen hinausreichenden Offenheit für die Unglaublichkeiten und Unauflösbarkeiten des Daseins. Es geht ihm gerade nicht um vorgeformte allgemeine Gewißheiten, sondern er will „suchen, weil ich finden will". Gedichte wie „Tu von uns ab die Tücher des Todes ..." gehören in ihrer rhythmisch-rituellen Eindringlichkeit und beschwörenden Spiritualität zum unvergänglichen Schatz christlicher Dichtung in deutscher Sprache. Anknüpfend an die mittelalterliche Mystik und Goethes *Stirb und werde* heißt es in dem Gedicht *Der Mensch ist allwissend*:

„Allwissenheit schaff ich durch eigenen Tod,
Ich war, ich bin, ich werde - - Gott."

Paradox ist auch zur Lindes Gespräch mit Gott:

„Herr, laß mich betend schweigen,
Hör mich und hör mich nicht ..."

Jenseits der traditionellen Muster entwirft Otto zur Linde seine eigene mythische Welt:

„Glühballende Träume
Der rollenden Unrast
Erwälzen im Bauch
Der schwangeren Erde." (*Der gotische Dom*) In der Person der Moira verschmilzt die Gottesmutter („Moira" ist zugleich die gälische Form des Namens „Maria") mit der Gestalt einer griechischen Schicksalsgöttin: Christus als „Mann und Kind" ist zugleich „das Glück" (*Christus und die Moira VII*).

Dieser gelehrte Poet wagt sich an schwierigste philosophische Fragen heran. Den Dualismus von Subjekt und Objekt versucht er ethisch aufzulösen: Das Ich spaltet sich in „Ipse" (Selbst) und „Tu" (Du). Im „mystischen Tod des Ipse" soll eine „Selbsterlösung" erreicht werden, bei der das „Tu-Selbst" als Inbegriff der objektiven Welt eine neue Einheit des Selbst verwirklicht, die im Symbol der Mikrokosmos (Mensch) und Makrokosmos (Weltall) vereinenden Kugel ihren Ausdruck findet. Nikolaus von Kues und Meister Eckhart werden in dieser Sichtweise mit Kants Erkenntnistheorie verbunden.

Oft genug scheitert Otto zur Linde am Unausdrückbaren oder gerät in abwegige Haarspaltereien, aber immer wieder gelingen ihm leuchtend klare Gedankengedichte. In etlichen Fällen mißglückt sein Versuch, wie einst Eichendorff oder Brentano den besonderen Ton der Volkspoesie zu treffen, und er gerät in die Untiefen des Konventionellen und des Kitsches. Doch es finden sich auch vollkommene Beispiele der Verwandlung gesprochener Alltagssprache in reine Lyrik (z. B. in *Amarylle*). Wie im Werke Friedrich Rückerts (1788-1866) müssen sich bei Otto zur Linde sowohl der wohlwollende Leser als auch der übelwollende Kritikus damit abfinden, daß hier ein lyrisches Gebirgsmassiv ödeste Schuttreißen mit hinreißendem Firnenglanz vereint, daß die zahlreich vorhandenen Flußkiesel nichts beweisen gegen die Existenz und Leuchtkraft der ebenso zahlreichen Edelsteine.

Dieser Dichter des *fin de siècle*, dessen Kindheit und Jugend dem letzten Viertel des neunzehnten Jahrhunderts entspricht, schließt sein Werk ab, als das erste Viertel des zwanzigsten Jahrhunderts vorüber ist. Zwischen der Dominanz verspäteter Erben der Romantik (Parnassiens, Präraffaeliten usw.) einerseits und antiromantischer Realisten andererseits und ein halbes Jahrhundert später dem Auftreten der Nachkriegsavantgarde in den *Roaring Twenties* bewegt sich der literarische Lebensweg Otto zur Lindes. Er verfolgte dabei die Zielvorstellung einer Erneuerung der lyrischen Sprache durch Befreiung aus überlebten Schemata, durch Anreicherung mit Volkssprache und Dialektelementen, durch Einbeziehung neuer Inhalte wie der großstädtischen Lebenswelt. Alfred Mombert beschrieb dies folgendermaßen: „Er, der sich von Anfang an seiner Verwandtschaft mit dem Volkslied bewusst ist, fühlt seine Zugehörigkeit zur ganzen Natürlichkeitsbewegung, die in unserer Zeit aufkam: zu dem Studium der Kindersprache und der Unterscheidung der Dialekte der verschiedenen Altersstufen. Seine Mitarbeiter und Leser kamen zum größten Teil aus den in diesem Sinn arbeitenden Lehrerkreisen."
Die Form ist für Otto zur Linde die metaphysische (also gerade nicht die zeitlich vorangehende oder genetisch gedachte) Wurzel der Dichtung, die „Seele des Dings als Prinzip seines Lebendseins". Gedichte als „Räume des Seins" und „Häuser Gottes" sollen „sich singen", in ihnen sollen die Welt und die Dinge wahrhaftig zur Sprache kommen - nicht geprägt durch vorgegebene Stilmuster, sondern in einer freien und fließenden organischen Entsprechung zwischen Innen- und Außenwelt, getragen von einer „doppelten Wahrhaftigkeit" als Dichter wie als Mensch. Von daher grenzt er die Dichtung als Ausdruck von Glauben und Metaphysik scharf ab von den Literaten, diesen „Schauspielern auf dem Papier", diesen „Akrobaten des schönen Scheins".

Otto zur Linde steht damit bei aller Eigenwilligkeit in den Traditionslinien der europäischen Kulturentwicklung seit der Renaissance, die gekennzeichnet sind durch das unablässige Gegen- und Ineinander von aufklärerischem Rationalismus und romantischer Phantastik, von religiös-mythischem Sich-Berufen auf die alten ewigen Werte und zugleich einem Beschwören des „ewigen Nichts“ (Leconte de Lisle), dieses Abgrunds am Rande unendlicher Leere. Im Erstlingswerk Otto zur Lindes heißt es:

„Mitten auf dem uferlosen Meere,
Hinter uns das Nichts, um uns die Zeit,
Segelt unsers Lebens Schiff ins Leere,
Fährt durch Raum und Stoff zur Ewigkeit.“

Der Dichter brauchte Jahrzehnte einer „skeptischen Periode“, ehe es ihm gelang Rationalismus und Mystik in ein „wirkendes Gleichgewicht“ zu bringen. Immer aber werden von ihm die Konflikte des Denkens und des Daseins explizit auf die eigene Existenz bezogen.

Was die Tradition betrifft, so beherrscht Otto zur Linde durchaus überlieferte Formen wie das Sonett - *Unentschiedenes Abendgewitter* etwa ist den klassischen Sonetten des Heine-Antipoden Platen ebenbürtig. Aber der Schwerpunkt, die urpersönliche Präferenz, liegt definitiv bei den freien Versen. Oft ist zur Lindes Sprache nahe am Gesprochenen: Da heißt es dann „Hinterm Schilf steh ich“ statt „Hinter dem Schilf stehe ich“. Andererseits finden sich Verse, die so auch klassisch und empfindsam bei Klopstock oder Hölty zu finden sein könnten:

„Weinst du der Sonne Abschiedstränen?
Laß die Sonne, was ist mir die Sonne!“ (*Waldauge*)

Sterben und Auferstehen ist eine der zentralen Gegensatz-Einheiten im Werk Otto zur Lindes. Dieser Dichter, der finsterer als jeder andere den Tod und die innere Not zwischen Gefühlsleere und grenzenloser Trauer beschwört, läßt in *Den Tag erwartend* auf das Grauen der „Totennachtwacht" einen „atemvollen, frohen Düftemorgen" folgen.

„Mitten wir im Tode sind
ewig auferstanden" drückt diese Koexistenz des Unvereinbaren prägnant aus. In „Die Welt wird grün ..." manifestiert sich die Hoffnung auf ein Ostern und Pfingsten des Blühens und einen Sommer des Reifens, auf einen „frohen Herbst" und einen Winter, der „lang noch warten" soll, während das Gedicht „Du Haus im dunklen Laube ..." „Winterleid", „Wendenot" und Hoffnungslosigkeit als Leitmotive hat.

Nach tastenden, unsicheren Anfängen, die in zwei Büchern 1901 und 1902 veröffentlicht wurden, schuf Otto zur Linde faszinierende Werke, die eine eigenwillige Klang- und Bilderwelt erschließen - alltägliches Parlando und Volksliedhaftes verbindend mit mythischen Visionen und sprachschöpferischen Neuprägungen. Aber schon im Zenit seiner künstlerischen Potenz finden sich Klagen über die „Wüstenjahre" eines ebenso tapferen wie trostlosen Lebens - geprägt vom drohenden Verstummen „an den Toren der Nacht" und davon, daß „auf dem Weg gen Untergang" die „alten Sterne" verschwunden sind und nur eine eher unbestimmte Hoffnung auf einen „neuen Sommer" bleibt. Immer erscheint ihm das Leben zu kurz, um eine Erfüllung der „Erdenmöglichkeit" zu erreichen, immer ist die Furcht da, auszubrennen und zu erkalten, in einen „grauen Schlaf" zu verfallen.

Andererseits beginnen manche Poeme zwar angstvoll-verdüstert mit „Schreckgestalten" und enden dennoch hoffnungsvoll, und es finden sich, was bei diesem schwermütigen Liebhaber der Nebel- und Gewitterlandschaften kaum zu erwarten war, durchaus sonnenüberstrahlte Naturgedichte. Generell ist festzuhalten: Der Wechsel zwischen Zuversicht und Verzweiflung wird nicht entschieden und nicht aufgelöst - seine Permanenz macht die eigentliche poetische Energie dieses lyrischen Werks aus. Das Grabdunkel des Nichts erlebt der Dichter als Trost, und doch hofft er auf „das Licht, das jenseits brennt". Es ist eine illusionslose paradoxe Weltsicht, die sich der Unwissenheit des Menschen und der „Brüchigkeit der Weltwände" bewußt ist.

Edgar Allan Poes Gedicht *The Raven* mit dem Refrain *Nevermore* hat das Gedicht *Den Tag erwartend* beeinflußt, als das „nimmer, nimmermehr" eines Mannes, dessen Herz „tot und der des Schauens müde" ist und der in einer Welt lebt, „in der alle verirrt sind und alle leiden". Es verwundert daher nicht, wie oft die extremste Verlassenheit als gespenstisches Erleben der Konfrontation mit dem Nichts beschrieben wird. Abgemildert und alltäglicher erscheint diese Konstellation als Einsamkeit des Dichters, auch wenn dieser festhält: „Es ist nicht gut, einsam zu sein". Als Kontrast dazu gibt es einen Hymnus auf die reine und tiefe Liebe, in dem die Geliebte keine blutleere Symbolfigur ist, sondern als „Frau im losen Haar" dem Bad entsteigt. Eine „Frau im Frühlingskleid", die im Park die Schwäne füttert, gemahnt hinwiederum daran, daß der Herbst seines Lebens genauso zwingend kommen wird wie der Wechsel der Jahreszeiten in der Natur. In „Meine Welt, die ich gebaut um mich ..." ist es die „Frau im grauen Rock und schwarzen Tuch", die sich in einer „müden Hütte" an einen erkalteten Herd setzt und einem Dichter in „einsamer Not" mit einer Patience sein Schicksal weissagt. Das ist nahe am wirklichen Leben des Dichters, der - gepeinigt von Angstanfällen, Selbstmordgedanken und Schlaflosigkeit - von 1925 bis zu seinem Tod am 16. Februar 1938 in Berlin-Lichterfelde, wo er auf dem dortigen Parkfriedhof beerdigt wurde, literarisch vollkommen verstummt. Am 14. 2. 1927 offenbart er in einem Brief an Elise Gies: „Ich sitze neben meiner eigenen Leiche." Schon beim Vater und den Brüdern war Otto zur Linde auf ein Unverständnis gestoßen, das ihm später in der literarischen Öffentlichkeit begegnete, ihn in die Verzweiflung und Handlungsunfähigkeit des schweigenden „Tädiums" trieb. 1939, ein Jahr nach seinem Tod, veröffentlichte Rudolf Paulsen bereits kennzeichnenderweise einen Aufsatz über ihn mit dem Untertitel „Ein vergessener westfälischer Dichter".

Wie vor ihm schon die Naturalisten, wie Arno Holz (1863-1929, vor allem in *Phantasus*, 1898) oder Richard Dehmel (1863-1920) macht Otto zur Linde die Großstadt zum Thema. Für ihn wächst die Stadt aus dem Land und den Wäldern hervor und wird als ödes Felsenmeer zum grausamen Gefängnis (*Park Witzleben*), aber sie ist auch der leuchtende Strom der „tausend Stimmen" (*Festliche Illumination und langsam flutende Volksmenge*) und der „Lichtheerzug" auf dem „Marsch der Strasse durch die dunkle Nacht". Alles Äußere, das von der Stadt zu Sehende und das aus ihrem Lärm zu Hörende, kehrt dabei zurück zum lyrischen Ich, mündet ein in die „eng umbaute" Einsamkeit des Dichters. Aber dieser Dichter in der modernen Beton- und Reklamewelt ist zugleich ein Prophet ohne Volk:

„Volksverlassenheit ist eine Mauer,
Die hoch auf ragt und so lang hin geht.
Volksverlassenheit ist eine Wüste,
Die durchschreiten Einsame gebeugten Haupts."

Otto Ludwigs Worte über die shakespeareschen Helden gelten auch für ihn: „Daß er doch, was er war, nicht zu sehr gewesen wäre, nicht so sehr, daß er daran untergehen mußte. Und doch, wäre er es nicht gewesen, er hätte uns nicht so wohl gefallen."

LESEBUCH OTTO ZUR LINDE, zusammengestellt und mit einem Nachwort von Rolf Stolz, Aisthesis Verlag Bielefeld 2016, Nylands Kleine Westfälische Bibliothek Nr. 58, 152 Seiten.

Friedrich Rückert trifft Gottfried Benn

Ein Totengespräch

(Gottfried Benn in seinem weißen Kittel, in Bewegung, Rückert in einem geblümten Morgenmantel, an einem Tisch mit schweifartigen Füßen.)

Benn: „Gestatten, Benn." (Angedeutetes Kopfsenken.)

Rückert (Zuckt zusammen, steht auf und schüttelt dem Doktor Benn freundlich, aber immer noch etwas abwesend, die Hand.): „Es freut mich sehr. Ich bin Friedrich Rückert. Ich war nur etwas in Gedanken. Ich wollte nicht unhöflich erscheinen. Darf ich Sie bitten, mir gegenüber Platz zu nehmen?" (B. nickt, dreht die Stuhllehne herum und setzt sich, die Unterarme auf die oberste Kante des Stuhls gelegt.)

B.: „So. Der Name sagt mir nicht viel, habe ihn aber schon gehört. Er erinnert mich an Musik."

R.: „Ich war kein Musiker."

B.: „Das war klar. Man hat Sie in Töne gebracht. Scheußliche Prozedur, wenn ich an Hindemith denke. War im Rundfunk, aber wer hat das schon gehört, nach einer Woche nur noch Schall und Rauschen. Diese Luft über den märkischen Kartoffelfeldern, kurz vor der Stadt, als der Herbst schon abtreten wollte..."

R.: „Sie assoziieren."

B.: „Ich? Kann schon sein. Das Leben ist…"

R.: „Ich habe vor ihnen gelebt und auch länger, als Sie es konnten. Wurde fast hundert bei Ihrer Geburt." (Er lacht meckernd.)

B.: „Eine einzige Assoziation von Momenten, eine Alliteration der verschwundenen Ausflüchte. Aber Sie sollten mir von sich erzählen, ich habe immer ein Interesse gehabt an den Ereignissen und an Fremden."

R.: „Ich hatte mein Leben der Dichtkunst geweiht."

B.: „Ich nannte immer wieder den Dichter einen Artisten. Sie verstehen, kein Handwerker - und doch einer, der seine Sache kann und seinen Kopf für sich riskiert."

R.: „Hoch in der Luft, frei von der Gebundenheit an die Erde unter uns."

B.: „Sicher, aber er stürzt nicht für die, die ihn fallen sehen. Sein Scheitern ist seine ewige eigene Sache. Er stürzt in sich hinein, in die Räusche und Abgründe, selbstvergessen."

R.: „Ich könnte Ihnen einige Gedichte vorlesen, sie werden Ihr Gefallen finden."

B.: „Jeder für sich, all die gebeugten und krebszerfressenen Gestalten, die Hurenböcke und Besitzzerfetzer, die kaum ihr eigenes Geschreibsel entziffern können und nur für kurze Zeit es verstehen - wenn es dazu reicht. Also, lesen Sie frei weg!"

(R. holt einen ausgebeulten schweinsledernen Koffer. Der hölzerne Rahmen ist an einer Seite gebrochen und die Beschläge lassen sich nicht mehr schließen. R. drückt den Koffer an sich und gerät ein wenig ins Schwitzen.)

B.: „Eine Juno?"

R.: „Ein gefährliches und verwirrtes Weib. Ich hätte es nicht getan. Niemand sollte sich daran wagen, die Kreise der Göttlichen zu stören."

B. (Lächelt milde): „Ich meinte nicht die alte Sau. Ich meinte nur meine Zigaretten."

R.: (Hüstelt verlegen und greift umständlich in ein silbernes Etui, in dem die Zigaretten voneinander getrennt sind durch vergoldete Phalli.) „Ein schönes Ding, ein lustiges Sujet."
(Er zündet die Zigarette an, schnippt dann aber mit den Fingernägeln die Glut auf den Boden und tritt sie aus.) „Nachher, später erst. Ich wollte Ihnen zunächst etwas lesen."
(Er klappt einen der grünen Leinenbände auf, sucht im Inhaltsverzeichnis, bemerkt dann aber, daß er eine welke Blume als Lesezeichen vorgesehen hatte. Er legt das offene Buch auf den Tisch, blickt nach oben ins Leere und auf die erloschene Glutspitze. Er räuspert sich und liest.)

B. dreht seine Daumen gegeneinander, reibt mit dem Ellenbogen über den Tisch. Das Stethoskop fällt aus der Seitentasche seines Kittels, er hebt es hoch, schnauft.

R. (Liest.):

Aus der Jugendzeit

Aus der Jugendzeit, aus der Jugendzeit
Klingt ein Lied mir immerdar;
O wie liegt so weit, o wie liegt so weit,
Was mein einst war!

Was die Schwalbe sang, was die Schwalbe sang,
Die den Herbst und Frühling bringt;
Ob das Dorf entlang, ob das Dorf entlang
Das jetzt noch klingt?
„Als ich Abschied nahm, als ich Abschied nahm,
Waren Kisten und Kasten schwer;
Als ich wieder kam, als ich wieder kam,
War alles leer.“

O du Kindermund, o du Kindermund
Unbewußter Weisheit froh,
Vogelsprachekund, vogelsprachekund
Wie Salomo!

O du Heimatflur, o du Heimatflur,
Laß zu deinem heiligen Raum
Mich noch einmal, mich noch einmal nur
Entfliehn im Traum!

Als ich Abschied nahm, als ich Abschied nahm,
War die Welt mir voll so sehr;
Als ich wieder kam, als ich wieder kam,
War alles leer.

Wohl die Schwalbe kehrt, wohl die Schwalbe kehrt,
Und der leere Kasten schwoll,
Ist das Herz geleert, ist das Herz geleert,
Wird`s nie mehr voll.

Keine Schwalbe bringt, keine Schwalbe bringt

Dir zurück, wonach Du weinst;
Doch die Schwalbe singt, doch die Schwalbe singt
Im Dorf wie einst:

„Als ich Abschied nahm, als ich Abschied nahm,
Waren Kisten und Kasten schwer;
Als ich wieder kam, als ich wieder kam,
War alles leer."

B.: „Habe es oft gesungen gehört, hatte einen Schauder im Kreuz, süßliches Klanggetriefe. War das, was meine Generation um keinen Preis wollte, nicht mehr feierlich lamentieren und idyllisch vor dem Nichts posieren. Kam es über den Äther herein, habe ich das Radio abgestellt, nach dem ersten Geplärr."

R.: „Sie sind sehr schmeichelhaft. Ich hatte anscheinend vergessen zu erwähnen, daß ich der Verfasser bin und nicht der Notenschinder." (Er geht zum Fenster, blickt starr hinaus, ballt die Fäuste und schüttelt seine langen grauen Haare.)

B.: „Seien Sie nicht so, ich habe nichts über die Worte gesagt und über Sie. Es war eine Petitesse, ein Aperçu über all die armen Jungen, die unter dem Kaiser in Weiß und Blau gesteckt wurden, Matrosenuniförmchen, und in den Schulen und sonntags nach Tisch wurden ihnen verheulte oder heldenmütige Poemata ins Hirn geblasen, Melodien wie perinatale Abszesse, lyrische Afterfisteln. Es war nur über die allgemeine Misere, das Versaufen der lyrischen Epiphanien im Sabber- und Tränenmeer."

R. (bitter, stockbeleidigt): „In meinem Gedicht weint niemand."

B.: „Geben Sie mir das Buch, ich hatte nicht genug zugehört, meine Därme rumorten." (Er liest das Gedicht, berührt die vertrocknete Blume, eine weiße Heckenrose, streicht mit einem abgekauten Bleistiftstummel das Wort „vogelsprachekund" an. R. betrachtete ihn verwundert und anscheinend zu überrascht, um bis zur Mißbilligung zu gelangen.)

B.: „Es ist ein gutes Gedicht. Dieses eine Wort, das ist phänomenal, ein durchsichtiger Funken, den niemand fangen könnte. Sie haben sparsam gearbeitet."

R.: „Ich habe sehr lange gearbeitet, ich hatte eine Zeile, die allererste, im Ohr, aber es fiel mir nicht ein, wie es enden könnte. Als ich die Strophen beieinander hatte, habe ich es einige Male umgeschrieben. Ich bitte Sie, die Wiederholungen besonders zu beachten. Es ist nicht Armut und Verstummen. Die Kinder reden so."

B.: „Die Natur wiederholt sich laufend. Immer diese ineinander verschachtelbaren und ineinander aufgehenden Wellen, dieses Bespringen und Befruchten in einer Reihe durch die Geschlechter und Sippenverschlingungen hindurch, die Grashalme und Ähren so endlos gleich und fast ununterscheidbar eingefugt ..."

R. (Scheint sich unbehaglich zu fühlen.): „Das Gedicht sagt etwas aus über mich, meine Freunde und mein Jahrhundert."

B. (Stockt): „Was?"

R.: „Ich galt als ein Knabe, als es begann. Die klassischen Heroen waren reife Männer schon, der Geheime Rat längst in der zweiten Hälfte seines Lebens angekommen und Schiller fast schon ein Toter. Ich erlitt die Besatzung, aber es schien mir ein leicht bestehbares Spiel. Ich wollte leiden und aus der Qual ausbrechen in einen großen Kampf."

B.: „Wieviel Franzosen schlugen Sie tot?"

R. (Voller Pathos.): „Nicht einmal einen einzigen, aber ich schrieb Sonette, in denen hell der Stahl klang, und es war mir, als hörte ich von Osten her das Klirren der Schwerter und das Zersplittern bunter Lanzen. Hoffnung brach aus, als die Große Armee sich in Marsch setzte nach Rußland, daß nicht einer zurückkäme unter der zerfetzten Trikolore, und es waren doch auch unsere deutschen Brüder eingepreßt und hineingelockt in des Korsen Heer, auch Verräter und Huren dabei, aber es mußte gelingen, die Freiheit zu erobern für das ganze deutsche Land."

B. (Kalt, skeptisch.): „Schöne Jugend, besser als für meine Ratten und die wurden am Schluß alle weggemacht."
R. (Scheint ihn nicht gehört oder zumindest nicht verstanden zu haben.): „Wenn ich es bedenke, lag unsere Jugend noch vor dem großen Kriege, auf den Dörfern draußen, wir fingen Frösche in den Abzugsgräben und an den Weihern, ein grauer Rauch stieg empor über die friedvollen Hütten hinweg, und wir ahnten wenig vom fernen Schlachtenlärm. Ich war vierzehn, als ich in die Stadt gebracht wurde."

B.: „Kleine tote Landstädte, Anklam oder Neustrelitz, Weißkohl und Rosmarin in allen Gärten und weite Kartoffeläcker in der schnellen Hitze des Sommers, oder die Fliederbüsche, weiß und wie verschwindend oder in einem rötlichen Blau, Gesichter, die wieder auftauchen in einer Menge stygischer Gestalten, und niemand mag sagen, ob sie Lebende waren…"

R. (unterbricht ihn, eher ärgerlich.): „Lieber Doktor Benn, ich wollte Ihnen von meiner Jugend sprechen. Tatsächlich, es war schön in den kleinen Städten. Ich habe die großen nie ganz verstanden und in ihnen nur halb gelebt. Es war mir ein Schrecken, in meiner Berliner Zeit durch all das quirlige Gelärm zu gehen, vor den jagenden Kutschen beiseite zu springen oder den schreienden Bettlern und Straßenweibern zu entlaufen. Ich war Professor dort geworden, eher durch Protektion als aus eigenem Antriebe. Ich suchte, so oft es sich machen ließ, zu entfliehen in mein heimatliches Gefild, mein geliebtes Neuses. In der Stadt lebte ich als ein Einsiedler, fast wie ein Verstorbener, wie einer, der seine Zeit überlebt hat und sogar seine Enkel, den niemand mehr betrauern mag, wenn er endlich abtritt..."

B.: „Sie wollten über Ihre Jugend sprechen!"

R.: „Ach, ja doch. Eine schöne Jugend, viel zu schön. Ich habe es zu gut gehabt, es war vollendet und unübertrefflich. Ich mußte dafür bezahlen, ich mußte so sehr leiden, als es vorbei war, als die Laute in Stücke geschlagen war mit den Hallen, in denen der Sänger gesungen hatte."

B.: „Sie sprachen über die Heraufkunft des europäischen Nihilismus. Die letzte Blüte der Romantik, die Mohnkapsel springt auf und lädt zur Ernte, zum Hinüberreifen in ein chimärisches Vergessen. Die Liebeslieder sind verklungen wie nie gewesen, und nur eine finale Liebe bleibt: die zum Absturz in die bunten Gifte und in den Tod. Nur so kann ich das verstehen, wenn Sie völlig ausgeräumt zurückkehren. Ein frühes Gefühl für all die Kataklysmen und Untergänge. Ich sah auch oft die Erde sich öffnen..."

R.: „Als ich wieder kam, war alles leer."

B.: „Aber was hatten Sie denn in den Kisten und Kasten, was waren das für Aufputschungen und Selbstberauschungen? Die klassischen Heroen, die kleinen und großen Meister des appollinischen Traums waren doch abgetreten oder auf Restverwertung aus, Schiller schon von der Bühne, abgestochen am Skäischen Tor, der arme Hölderlin ausgeblüht in seinem gelben Turm und der Herr Minister kompiliert die späten Scherben. Nur noch ein einstiger Flügelschlag diese Epoche, eine museale Erinnerung, keine Fanale und keine Mysterien übrig und auch das mittelländische Meer nur noch ein Transitbassin für englische Fregatten und private Kreuzzüge des korsischen Mythomanen."

R.: „Das war ein Feind noch. Wir verloren selbst unsere Feinde mit der Zeit. Und unsere Helden auch! Wie sehr ich die großen Gestalten geliebt habe, wie sehr ich gehofft habe, daß die Adler sich noch einmal erhöben über den Schädelstätten! Aber allzu früh starben die einen, die anderen gingen verbittert und verstört in fremde Lande hinweg oder wurden um sich selbst gebracht in dem doch nicht wahrhaft befreiten Land."

B.: „Länder, Ländchen, Ländler - ich kann das nicht mehr ertragen. Ich kenne nur die Flut und das feste Land, das sie längst im Blick und im Griff hat, und die Vulkane kochen den Erdbrei flüssig. Und die Heldengeschichten, als wären es Vereine und Prozessionen, als wären es nicht die sich überlassenen Bacchanale der Einzeltänzer, der Selbstgeißler und Weltzertrümmerer."

R. (Spöttisch, kühl.): „Sie sind ein belesener Mann, aber Sie haben einen Hang zum Apodiktischen und zur Apokalypse."

B. (Zunächst befremdet, lächelt schließlich grimmig.): „Sie haben recht. Sie haben es getroffen. Und mich dazu, wenn Sie mir den platten Scherz erlauben."

R. (Ganz ernsthaft): „Ich gestehe es Ihnen so zu wie mir auch."

(Beide setzen sich, schweigen sich an. Nach einiger Zeit räuspert sich R.)

R.: „Warum erklären Sie sich zu einem Traum Gottes, warum räumen Sie sein mögliches Vorhandensein ein? Wenn es ihn gibt, gibt es dann auch den alten Spinnenmann, ist er das selbst? Was sagt er uns, der doch gefangen ist in seinem eigenen geschickten Netz? Schaut er immer nur zu, wie das Menschengeschlecht abtritt, aus einem sicheren und nie mehr überwindbaren Abstand?"

B.: „Eine interessante Frage, es begann mit dem Deismus. Jenseits der einfachen Gewißheiten, daß niemand es wissen kann, gestatte ich mir eine kleine Frage nach den schließlichen Rätseln, nach den Endgültigkeiten - eine Frage, die vielleicht sogar ihre Antwort erhält. Ich proklamiere ein Ende des Menschen, aber nach diesem Ende muß etwas sein, ein dunkles fremdes Ufer des letzten Meeres."

(Beide sehen sich an, nicken und schweigen.)

Zwischen Preußen und Asien:

Gertrud Kolmar

Gertrud Kolmar - auch wenn die letzten Jahre einiges verändert haben, rangiert sie für viele Germanisten und Literaturzerreder immer noch zwischen den namenlosen Niemanden und den sekundären Marginalpersonen, wird eher in Fußnoten und Zwischenbemerkungen erwähnt als in den Hauptkapiteln. Allerdings ist in dem imaginären Prozeß, in dem über Zukunftsbedeutung und Dauerhaftigkeit literarischer Werke gestritten und entschieden wird, das definitive Urteil noch nicht gesprochen. So wie Georg Büchner erst Jahrzehnte nach seinem Tod von Jugendbewegung und Expressionismus entdeckt wurde, so wie erst die Nachgeborenen Hölderlin ergriffen zu begreifen begannen, wird es vielleicht noch ein oder zwei Jahrzehnte brauchen, bis Gertrud Kolmars Werk in seiner epochalen Bedeutung erkannt werden wird. Wolfdietrich Schnurre hat nicht übertrieben mit seiner Bewertung „eine der größten deutschen Lyrikerinnen seit der Annette von Droste-Hülshoff". Auch nach längerem Überlegen läßt sich allenfalls die buchstäbliche Handvoll von deutschen Lyrikerinnen nennen, die Seite an Seite mit der westfälischen Sappho bestehen könnten. Ohnehin bleiben Vermessungsversuche und Rangordnungsrangeleien im Reich der Singularitäten, der Ausnahmeexistenzen ein lächerliches Unterfangen. Andererseits trennt eine überdeutliche Differenz die Großen Eigenartigen, die Zentralgestirne, von den sie umschwirrenden Klein- und Wandelsternen.

Gertrud Kolmar wird als Gertrud Chodziesner am 10. Dezember 1896 in Berlin geboren. Ihr Vater ist ein angesehener jüdischer Strafverteidiger. Als Künstlername wählt sie die Bezeichnung, die die zur preußischen Provinz Posen gehörende Stadt Chodziesen (polnisch heute: Chodzież), aus der ihre Vorfahren stammen, 1878 erhält: Kolmar (i. P. = in Posen, zur Unterscheidung von K. i. E. = im Elsaß). Von Reisen und einigen Studienwochen in Dijon abgesehen, verbringt sie fast ihr ganzes Leben im elterlichen Haushalt. Als 1930 die Mutter stirbt, bleibt sie als einziges der Geschwister bei dem Vater, der schließlich als über Achtzigjähriger nach Theresienstadt verschleppt wird. Sie ist zu diesem Zeitpunkt schon seit längerem zur Zwangsarbeit in einer Kartonagenfabrik verpflichtet worden. Im Frühjahr 1943 wird sie selbst deportiert. Ort und Datum ihres Todes sind unbekannt, vermutet wird Auschwitz im März 1943.
Sehr wenig erschien zu Lebzeiten: 1917 werden in Berlin drei Dutzend Gedichte veröffentlicht. Erst 1934 folgen achtzehn Gedichte des Zyklus *Alte Stadtwappen* unter dem Titel *Preußische Wappen*, schließlich 1938 vierundsechzig Gedichte in dem bald eingestampften Band *Die Frau und die Tiere*. Einige wenige Einzelgedichte werden 1930 und 1933 publiziert. Der Zyklus *Welten* kommt erst posthum 1947 heraus. 1955 erscheint - noch unvollständig - *Das lyrische Werk*. 1987 erschien das dtv-Taschenbuch *Weibliches Bildnis*. (Zum *Weiblichen Bildnis* gehören in diesem Band lediglich die ersten 130 der gut 800 Seiten. Aber den Marktstrategen erschien wohl ein schlichter, sachlicher Titel zu wenig werbewirksam für den Verkauf von „Frauenliteratur". Ähnlich wurde bereits 1963 eine in der „sonderreihe dtv" erschienene Auswahl mit dem selbstgedichteten Titel *Tag- und Tierträume* aufgemotzt. Dem Hause dtv war anno 1987 dieses Produkt ob seiner Textverfälschungen und (Druck)Fehler offenbar so peinlich, daß es in der ansonsten recht umfassenden Bibliographie weggelassen wurde.) Die Seitenangaben in

meinem Aufsatz beziehen sich auf den ersten bzw. zweiten Band von *Das lyrische Werk*, herausgegeben in drei Bänden von Regina Nörtemann, Wallstein Verlag Göttingen, 2003/2. Aufl. 2010.

Gertrud Kolmar und Else Lasker-Schüler

Wer mag, soll sich den Kopf zerbrechen, ob Gottfried Benn recht hatte, als er Else Lasker-Schüler die größte deutsche Lyrikerin dieses Jahrhunderts nannte oder ob Gertrud Kolmar diese Kennzeichnung zukommt. Ein solcher Streit wäre so unsinnig wie die Auseinandersetzung, ob auf lyrischem Gebiet Goethe oder Hölderlin der größere Lorbeer zuzuweisen sei. Gerade angesichts der Seltenheit und Unwiederholbarkeit des Genialen ist es erstaunlich, daß im zwanzigsten Jahrhundert fünf bedeutende Lyrikerinnen, die über den Rahmen der deutschen Nationalkultur hinaus weltliterarische Geltung beanspruchen können, Jüdinnen waren: Gertrud Kolmar, Else Lasker-Schüler, Selma Meerbaum-Eisinger, Rose Ausländer und Nelly Sachs. Man mag darüber philosophieren, ob es ein Zufall ist, daß sich andererseits seit den Tagen Heines unter den deutschen Lyrikern jüdischer Konfession oder Abstammung kaum Unsterbliche finden - kein Rainer Maria Rilke, kein Georg Heym, kein Georg Trakl, kein Gottfried Benn.

Vergleicht man Gertrud Kolmar mit Else Lasker-Schüler, so findet man zwischen diesen beiden Frauen, die keiner Stilrichtung zuzuordnen sind und keine Stilrichtung begründet haben, bei aller Gemeinsamkeit der Auseinandersetzung mit dem Judentum als Erbe und Herausforderung, bei aller Gemeinsamkeit der Bildhaftigkeit und sprachlichen Musikalität, bei allen Entsprechungen einzelner Traumphantasien mehr Unterschiedliches als Übereinstimmendes. Jede ist sie selbst und nur sie selbst. Gertrud Kolmar bleibt trotz einzelner Prosatexte eine reine, unprosaische, undramatische Lyrikerin, so wie Platen dies war oder Hölderlin, dessen *Hyperion* in Sätze gebrachte Lyrik ist, dessen *Empedokles* als großes (groß gescheitertes) Gedicht zählt und nicht als Dramatisierung frühgriechischer Sozialkonflikte. Else Lasker-Schüler hat nicht allein ihr Leben dramatisch inszeniert, sie hat vor allem mit *Die Wupper* bewiesen, wie unerhört theaterwirksam sie Träume, Fluchten und Realitäten der kleinen Großstadt Wuppertal, ihrer kleinbürgerlich-kleingeistigen Haßliebe-Heimat, umsetzen konnte. Auch für das bergisch-provinzielle Element bei Else Lasker-Schüler gibt es keine Entsprechung im Werk Gertrud Kolmars. Sie ist ein Kind der Hauptstadt - ohne den berlinernden Milieu-Ton, der für den populären Stallgeruch der sogenannten „Originale" sorgen soll. Als deutsche Jüdin, als weltoffene jüdische Preußin, beschwört sie zwar in manchen Texten (vor allem in einzelnen Gedichten des Zyklus *Alte Stadtwappen*) die Landschaft der Mark Brandenburg und damit den jahrhundertealten Heimat-Raum der Familie ihrer Mutter. Aber dort, wo ihr Thema nicht Mensch und Natur, Mann und Frau ist, wo sie Geschichte und Gegenwart gestaltet, ist ihr Rahmen ein nationaler und kein regionaler bzw. provinzieller: Deutschland und kein einzelnes seiner Länder, Frankreich, das sie so sehr liebte und dessen Sprache sie akzentfrei sprach, Frankreich in seiner großen Zeit zwischen 1789 und 1815, in seiner klassischen, auf Paris konzentrierten Gestalt. (Andere Länder tauchen eher am Rande auf. Kennzeichnend ist, daß ihr Gedicht *Irgendwo in Rußland*[19] sich auf den Untergang der „Großen Armee" Napoleons 1812 bezieht.)

Das von Natur aus Dramatische und Extravertierte ihres Charakters und ihrer Existenz hat Else Lasker-Schüler mit innerer Notwendigkeit in eine große Zahl von Beziehungen, in ein gesellschaftlich angelegtes Leben, gebracht, das erst in

[19] I, S. 228

Palästina teilweise umschlägt in Alterseinsamkeit und Isolation. Es gehört zu den Stärken ihres Werkes, daß sie das subkulturelle Geflecht vor allem ihrer Jahre zwischen 1910 und 1930 umgesetzt hat in eine dichterische Darstellung, die zwar nicht die ach so beliebten aufregenden Details liefert, aber dafür eine poetische Wahrhaftigkeit erreicht, in der sich das Essentielle jener Epoche wiederfindet. Kulturszene, kulturpolitische Kämpfe, „literarisches Leben" - all das war der monomanen, auf sich selbst ausgerichteten Lebensform Gertrud Kolmars fremd und zuwider. Nicht umsonst ist für sie Robespierre der große Held der französischen Revolution. Else Lasker-Schüler hätte sich wohl eher den Volkstribunen Mirabeau und Danton verbunden gefühlt als dem menschenscheuen, unnahbar-einsamen Advokaten aus Arras.

Else Lasker-Schüler überformt, verfremdet ihre tatsächlichen Beziehungen zu Freunden und Geliebten - Gertrud Kolmar versucht, ferne und fremde Gestalten zum Leben zu erwecken und in ihr eigenes karges Leben hineinzunehmen. Für Else Lasker-Schüler wird Gottfried Benn zum König Giselheer mit dem Lanzenspeer und zum Prototyp des „Barbaren". Gertrud Kolmar dagegen beschwört mit Napoleon (im Zyklus *Napoleon und Marie*, der von der Liebe der polnischen Gräfin Maria Walewska zu dem großen Korsen handelt), mit Robespierre, Marat oder Saint-Just heroische Ideal-Männer, die in ihrem privaten Pantheon den Platz jener Männer einnehmen, die ihr entweder nicht begegneten oder für sie unerreichbar blieben.

Niemand in unserem Jahrhundert hat so sehr aus Liebe Literatur gemacht wie diese beiden Frauen. Aber während Else Lasker-Schüler die große Liebende in einem eher feministischen, autonomen, egozentrischen Verständnis ist, gestaltet Gertrud Kolmar ihre unerfüllte Sehnsucht nach der einen großen Liebe, nach dem einen Mann, für den sie „die Eine" ist. Es ist für uns Heutige beunruhigend und fremd, wenn eine Frau sich von ihrer ersten großen Liebe nicht löst, einem Mann treu bleibt, der sie längst aufgegeben und enttäuscht hat. Man mag es unpassend und altmodisch finden, daß diese Frau deshalb zur Dichterin wird, weil sie weder Geliebte noch Mutter sein kann, aber es ist so. Ebenso ungewöhnlich wie paradox: Gerade aus dem Nicht-Gewesenen und Nicht-Erreichten gewinnt Gertrud Kolmar die Kraft, um inbrünstige Liebesgedichte zu schreiben - lebensvolle, lebenswahre Gedichte der Liebe zu einem erträumten Mann und zu einem ungeborenen Kind.

Männer und Frauen, der Kampf der Liebe

So sehr Gertrud Kolmar den inneren Reichtum der Armut, die verborgene Schönheit des Häßlichen, die stille Kraft der Schwachen und Erniedrigten beschwört - sie, die von sich sagt: „Mein Ruf ist dünn und leicht“[20], ist keine Leisetreterin, kein pietistisches Seelchen, keine zage Anpreiserin platonischen Anhimmelns. Ihre Liebe drückt sie mit einer geradezu verschlingenden Inbrunst aus:

„Ich hing im Gebälke starr als eine Fledermaus,
Ich lasse mich fallen in Luft und fahre nun aus.
Mann, ich träumte dein Blut, ich beiße dich wund,
Kralle mich in dein Haar und sauge an deinem Mund.“
(*Verwandlungen*)[21]

Ihre *Liebenden* gehen „in Nacht und Gras“ [22], und in dem Gedicht *Leda* heißt es: „O komm. O komm. Mein Kelch ist aufgetan ...“.[23] In einer Zeit, wo mit anderen Mythen die Ideenkonstruktionen des Feminismus fraglich werden und aufhören, Orientierung und Fluchtpunkt von Veränderungshoffnungen zu sein, wo eine

---

[20] II, S. 89
[21] II, S. 261
[22] II, S. 246
[23] II, S. 479

neue Generation denkender (anders denkender!) Frauen die Kraft der Weiblichkeit und die Möglichkeiten des Mütterlichen wieder entdeckt, könnte Gertrud Kolmars Beschwörung der empfangend-gebenden Körperlichkeit der Frau vorurteilslos aufgenommen und endlich verstanden werden:

„Unsre Nacht: ein Duft der Wiesenblume,
Eines Mannes Schulter, dran ich lerne
Sonne sein und Strauch und Ackerkrume
Und die Baumfrucht, fehllos bis zum Kerne." (*Die Entführte*)[24]

Auch in *Fischkönig (An K. J.)*[25] ist es die Sehnsucht nach dem einen Mann, nach der vollkommenen Erfüllung:

„Meine Tiefe spaltet ein Stein,
Den Fäuste hinverstießen.
Da will ich dich setzen, dich allein,
Und die Wasser über dir schließen."

Allerdings, hier wird keine glatte Pragmatik aus Sexualhygiene und Lebenshilfe aufbereitet. Kennzeichnend für Gertrud Kolmar ist ja, daß sie selbst es nie geschafft hat, auszubrechen und den Versuch zu machen, ihren Traum zu verwirklichen. Kennzeichnend für sie ist ihr Satz in *Leda*: „Ich sehne mich. Und wage keinen Schrei."[26] Und auch da, wo sie in *Travemünde* vielleicht eine reale Liebesnacht gestaltet: „Unter uns Sand. Tote Muscheln. Tang."[27] geht, was als Poetisierung einer sehr menschlichen Szene beginnt, über in märchenhaft-urbildhafte Symbolik. Der Ausgang dieses Aufeinandertreffens zweier Welten - einer menschlichen Frau und eines meerisch-kühlen Mannes - bleibt offen.

---

[24] II, S. 106
[25] II, S. 239
[26] II, S. 479
[27] II, S. 487

In *Meerwunder* empfängt die Frau das „zarte, wunderbare Kind" eines Wasser-Mannes, den die letzte Strophe geradezu bacchanalisch anruft:

„O du! ... Nur du! ... Ich spülte deine Glieder
Und warb und klang und schäumte über dir.
Und alle Winde küßten meine Lider,
Und alle Wälder stürzten in mich nieder,
Und alle Ströme mündeten in mir."[28]

Für Gertrud Kolmar, deren Gedichte in der Tat „Bruchstücke einer großen Konfession" sind, hat der patriarchalisch-rationalistische Dualismus von Seele und Körper, von Sinn und Sinnen keine Bedeutung. Sie, der es nicht gelang ihre Getriebenheit, Triebhaftigkeit, Wildheit auszuleben, wird nicht zur frömmelnden Apostelin der Blutleere, sondern sie setzt der asketischen Entsinnlichung ein sinnlich-sinnenhaftes Bekenntnis zum Leben entgegen. Manch bieder-feministische Emma wird es geradezu *shocking* finden und rote Ohren bekommen, wenn Gertud Kolmar den „Muschelschoß mit rosenfarbenen Rändern" (*Ein grünes Kleid*)[29] preist. Aber hier wird nicht den Patriarchen und Macho-Männern eine bequem verwertbare Ware offeriert, sondern es wird jene große Ordnung des Kosmos beschworen, die über das eigene erbärmliche Leben hinausreicht:

„Was war ich? Kleines Weiberwesen, Unrast und Beschwerde,
Das Zündholz, das sich einer strich. -
Die Mutter bin ich; wenn ich kreise, tanzt auch Gottes Erde
Mit mir, in mir, um mich."
(Schluß des Gedichtes *Der sonderbare Tanz*)[30]

---

[28] II, S. 488
[29] II, S. 258
[30] II, S. 268

Es ist die unaufgegebene Hoffnung, Kraft zu schöpfen aus der „durchsichtig reifen Erde" und „wieder unterm Baum des Paradieses" zu stehen (*Hexe*)[31]. Man (Mann) sollte daher nicht versucht sein, einseitig nur zu bemerken, wie Gertrud Kolmar ihre Schwächen darlegt („das dumpfe, das unbeholfene Wesen" in *Salamander*)[32], wie sie dem Mann die gestaltende Rolle zuweist („Du warst der Alchimist./ Ich war der Salamander.", ebd.) Andererseits entwickelt sie gerade aus Gefühlen der Schwäche und Unterlegenheit heraus den Impetus, um zumindest in ihrer Phantasie und ihrem Werk die Schranken der alltäglichen Vorgegebenheiten zu sprengen. Das Sonett *Die schönen Wunder* endet:

„O gut: an unermeßnem Glanz verbrennen,
Statt von der heißen Erde fortgerissen,
Ein langes schales Leben hinzusehnen."[33]

In Deutschland lebend, von Israel träumend

Ihre Zwischen-Stellung zwischen deutschen Traditionen und alttestamentarischem Judentum, zwischen westlicher Aufklärung und östlicher Mystik wird besonders deutlich in dem Gedicht *Der Ural*[34]. Dieses in Wirklichkeit so ungebirgige und undeutliche Grenzgebirge wird ihr zur „Scheide von West und Ost, Mauer zwischen zwei Erden". Aber auch wenn sie in dem großen Hymnus *Asien*[35], dem Schlußgedicht der *Welten,* von ihrer Heimkehr zur Mutter Asien spricht - dies ist nicht eine Literatur der Real- und Lesereisen in ferne Gefilde. So sind es in

---

[31] II, S. 271
[32] II, S. 225
[33] II, S. 323
[34] II, S. 540
[35] II, S. 525

Die Mergui-Inseln[36] nur die ersten vier Zeilen, in denen die realen birmesischen Inseln thematisiert werden - das eigentliche Gedicht ist eine Beschwörung einer düster-schwülen Innenwelt. Allerdings wird immer wieder deutlich, wie sehr diese Dichterin sich mit dem Osten identifiziert, mit der „stummen unendlichen Geduld" Asiens[37], mit „Sein noch ohne Tun"[38], wie sehr sie sich verwurzelt fühlt in einem Judentum, das „vor Rom, vor Karthago schon war" (*Die Jüdin*)[39]. Es ist daher keine spontane Abwehrreaktion angesichts des mörderisch-dummen Antisemitismus, sondern hat bei ihr, die Hebräisch lernte und sogar (verlorene) hebräische Gedichte schrieb, eine innere Logik, daß sie sich als Jüdin zum Judentum und zur „fremden verlorenen Heimat"[40] Israel-Palästina bekennt.
So sehr Gertrud Kolmar den Wilhelminismus, die Epoche der ängstlich-aggressiven, lärmend-pompösen Großmannssucht ablehnte, so tief verbunden bleibt sie zeitlebens den preußischen Idealen Pflichterfüllung, Unbedingtheit, Tapferkeit, Klarheit, Kargheit. Diese radikal antifeudale, freiheitsliebende Frau fühlt sich einer aristokratischen Gesinnung verpflichtet, die ohne äußerliche Erhabenheit auskommt. Es ist eine seltsame Liaison, die in ihr eine vom Zionismus geprägte Begeisterung für das alte Israel der Propheten, Richter und Könige eingeht mit dieser formbestimmten Lebenshaltung, in der auch gelegentlich ein rigoroser Puritanismus durchscheint (vgl. *Die großen Puritaner*[41], wo sie von Moses über Savonarola, über Milton und die englischen Puritaner einen großen historischen Bogen zu den Jakobinern schlägt). Auch ihr Frankreich-Bild ist nicht geprägt

[36] II, S. 503
[37] II, S. 526
[38] II, S. 504
[39] II, S. 92
[40] II, S. 513
[41] II, S. 424

von provenzalischer Festlichkeit und Rabelaisscher Sinnenfreude, von barockem Prunk und der spielerischen Grandeur königlicher Machtentfaltung. Was Gertrud Kolmar begeistert, ist der fast fundamentalistisch zu nennende Gewissensaufstand der Katharer und Hugenotten, der strenge jansenistische Geist von Port Royal, die düstere Selbstgewißheit des Jakobinertums, das wilde und martialische Naturell Napoleon Bonapartes, die revolutionäre Empathie der *Levée en masse*. Hier liegt die Brücke zu jenem Preußentum, das in der Mitte des achtzehnten Jahrhunderts sich den Ideen der französischen Aufklä-rung öffnete und das am Anfang des neunzehnten Jahrhunderts in den Befreiungskriegen die großen Selbstbestimmungsideale der Französischen Revolution aufnahm und gegen das kaiserliche Frankreich wendete. Es ist das Preußen der Kleist und Gilly, der Scharnhorst und Gneisenau - nicht jenes militaristisch-chauvinistische Pseudo-Preußen des zweiten Wilhelm und der Deutschnationalen, aus dem noch die Nazis am „Tag von Potsdam" propagandistischen Gewinn für sich zu schlagen wußten.

Was bleibt?

Gertrud Kolmar, der die von ihr so oft beschworene und idealisierte Idylle harter Arbeit in Haus und Garten, der Aufopferung für Mann und Kinder versagt (und zugleich auch erspart!) blieb, identifiziert in dem Gedicht *Mädchen*[42] ihr Schicksal mit dem der Rose: Einsamkeit, Hartwerden, Verwelken. Sie, die ganz für andere leben wollte und zeitweise auch lebte, gerät immer stärker in ein Selbstgespräch, angelegt auf das Ende aller Dinge hin - in eine imaginäre Auseinandersetzung mit einem erträumten Mann, einem

[42] II, S. 121

erträumten Kind („das tausendfach empfangene Kind", in *Der sonderbare Tanz*[43]), einem selbstgeschaffenen Gott. Was sie an ihrer Umwelt vermißt, sind sowohl die großen Träume als auch das große Elend. Diese Dichterin, die sich voller Zärtlichkeit den Kindern und Tieren zuwendet, haßt aus ganzem Herzen „das leere Licht der Menschenzeit", den „Werkelwust", das „Sichre und Gemeine", das Besinnungs- und Bedeutungslose des Alltagslebens (*Wappen von Eldagsen*)[44].

Über die Menschen, die in der Welt des unschönen Scheins, der Filmillusionen, der hektischen Aktivität, der Geldgier, der kleinen kurzen Räusche leben, sagt sie mit sanfter Bitterkeit:

„Mag sein, sie haben meinen Traumwald nicht
Mit Blättern, die sich langsam müde färben,
Und nicht die kahle Straße vorm Gesicht,
Darauf ich täglich wandre in mein Sterben." (*Die Erzieherin*)[45]

Ihr, die sich als „die Verlassene" fühlt (vgl. die zwei Gedichte mit diesem Titel)[46] ist die Einsamkeit „wie ein wärmendstes Gewand" geworden (*Die Einsame*)[47]. Ihre „inneren Blicke" (ebd.), ihre Traumgesichte werden ihr wichtiger als das Geschehen um sie herum. Dennoch nimmt sie mit scharfer, zuweilen ätzend scharfer Kritik Stellung gegen die Haßpropaganda und die Gewaltverbrechen des Faschismus, z. B. in *Die jüdische Mütter*[48] oder *Anno Domini 1933*[49]. Aber zugleich ergreift eine Müdigkeit und Starre sie, die sie als Schmerzloswerden und Versteinerung beschreibt: „Ich habe kein Gesicht mehr. Hauch wird Stein." (*Die Müde*)[50].

---

[43] II, S. 268
[44] II, S. 73
[45] II, S. 157
[46] Zuerst 1917 in I, 52 ff.; später II S. 167 f.
[47] II, S. 146
[48] II, S. 373 f.
[49] II, S. 369 f.
[50] II, S. 155

Allmachtsphantasien und grenzenlose Hybris waren Gertrud Kolmar nicht fremd - aber sie münden in eine fast mystische Bescheidung und Demut. Die Schlußzeilen von *Die Fahrende* lauten:

„Irgendwann wird es Zeit, still am Weiser zu stehen,
Schmalen Vorrat zu sichten, zögernd heimzugehen,
Nichts als Sand in den Schuhen Kommender zu sein".[51]

[51] II, S. 93

Heinrich Schirmbeck -

wann beginnt seine Renaissance?

Vor über hundert Jahren, am 23. Februar 1915, wurde in Recklinghausen der am 4. Juli 2005, wenige Monate nach seinem neunzigsten Geburtstag, in Darmstadt gestorbene Dichter, Friedens- und Menschenrechtsaktivist Heinrich Schirmbeck geboren. Dieser bedeutende Erzähler und Essayist, der sich zeitlebens keiner literarischen Schule anschloß, hat trotz verschiedener Ehrungen seit dem Großen Literaturpreis der Mainzer Akademie der Wissenschaften und der Literatur 1950, trotz des internationalen Widerhalls seiner Bücher in den fünfziger und frühen sechziger Jahren immer noch nicht die gebührende Beachtung und Wiederentdeckung erhalten. Für dieses Ziel setzen sich eine Reihe von Persönlichkeiten, die 2004 gegründete Heinrich-Schirmbeck-Gesellschaft (www.heinrich-schirmbeck.de), die 2013 gegründete Heinrich-Schirmbeck-Stiftung in Köln (heinrichschirmbeck-stiftung.de) und das von der Malerin Helga Willuweit-Schirmbeck, der Witwe Heinrich Schirmbecks, gestaltete Schirmbeck-Haus auf der Darmstädter Rosenhöhe ein. Zwar sind seit 2005 einige wichtige Erzählungen und der bedeutendste Roman wieder in einer dreibändigen Werkausgabe im Wiesbadener AIG Verlag Immo Hilbinger greifbar, zwar gibt es seit 2014 ein kompaktes Schirmbeck-Lesebuch bei Aisthesis, aber weiterhin sind die meisten Veröffentlichungen dieses bedeutenden Autors nur noch in Antiquariaten oder gar nicht mehr zu finden.

In der im Mai 1943 auf persönliche Intervention Hitlers verbotenen „Frankfurter Zeitung“ veröffentlichte Heinrich

Schirmbeck frühe Texte. 1944 verlegte Peter Suhrkamp sein erstes Buch *Die Fechtbrüder* (Neuauflage Mainz 1995). In den zwei Jahrzehnten zwischen 1945 und 1965, also in weniger als einem Viertel seiner Lebenszeit, entstanden Schirmbecks wichtigste Werke: die zwei Romane, die meisten Erzählungen und Essays, darunter der Großessay *Ihr werdet sein wie Götter*. Bücher Heinrich Schirmbecks sind ins Englische, Französische, Spanische, Niederländische usw. übersetzt worden. Sein Roman *Ärgert dich dein rechtes Auge*, der zum ersten Mal literarisch die gesellschaftlich-kulturellen Folgen der Kernspaltung darstellt, erschien 1957 auf deutsch. Als er 1960 in einer englischen und 1961 in einer separaten amerikanischen Ausgabe herauskam[52], rühmte der Kritiker Orville Prescott ihn in der „New York Times" als den „geistig anspruchsvollsten Roman, den uns Deutschland seit dem Zweiten Weltkrieg, wenn nicht gar seit dem Erscheinen von Thomas Manns *Zauberberg*, bescherte." Friedrich Sieburg nannte Schirmbeck den „Königsfalter in der sonst so öden Literaturlandschaft" und Robert Jungk stellte den „genialischen Einzelgänger", dessen Zukunft „erst begonnen hat", in eine Reihe mit den „wegweisenden literarischen Neuerern" wie Joyce und Kafka. Er schrieb: „Wenn in hundert Jahren von der deutschen Literatur nichts Substantielles mehr übrigbleibt, dann werden die Werke Schirmbecks leuchten wie die Sterne am Firmament."

Seine Bewunderer hatte Heinrich Schirmbeck eher nicht unter den Belletristen (die Ausnahmen waren meist selbst Außenseiter wie Fritz Usinger), sondern unter Publizisten wie Robert Jungk oder Karlheinz Deschner und unter einigen Literaturkritikern wie Karl August Horst und Friedrich Sieburg. Legendär ist die Reaktion der auch in der Dichtersiedlung der Rosenhöhe

---

52 *The Blinding Light*, Collins, London 1960; *If Thine Eye Offend Thee*, Simon and Schuster, New York 1961.

wohnhaften Gabriele Wohmann, als ein Wagen des Technischen Hilfswerks für das Recklinghäuser Stadtarchiv Materialien aus Schirmbecks Haus abholte: „Jetzt kommt der Katastrophenschutz, weil Schirmbeck eine Katastrophe ist." Auch eine Poetenkolonie ist nun einmal nicht das Reich von Harmonie und Solidarität, sondern ein Kampffeld der Selbstbehauptung und der Eitelkeiten. In ihm stand dieser Dichter - ein Mensch in seinem Widerspruch, persönlich nicht unschwierig, in asketischer Bescheidenheit und lange Zeit in desolaten wirtschaftlichen Verhältnissen lebend und zugleich seine geistige Bedeutung selbstbewußt verfechtend, viermal verheiratet, davon zweimal keine zwei Jahre lang, Vater von fünf Kindern. „Schreiben Sie mal bei vier kleinen Kindern, die nach Brot und anderen Dingen schreien, einen Roman! Ich hab's getan und bin nun am Ende meiner physischen, psychischen und finanziellen Kraft. Die Schulden, die ich, um mein Buch zu schreiben, auf mich genommen habe, können eigentlich nur durch die Erträgnisse eines Bestsellers getilgt werden. Ich finde nachts keine Ruhe mehr. Das ist die andere Seite der deutschen Gegenwartsliteratur", heißt es sehr plastisch in einem Brief Heinrich Schirmbecks an Karlheinz Deschner vom 24. 9. 1957.

Heinrich Schirmbeck war nie ein Allerweltsschreiber für die allerbreitesten Lesermassen. Aber warum ist dieser Autor, dessen Werk durch die Berufung in die Deutsche Akademie für Sprache und Dichtung (1962), in die Akademie der Wissenschaften und der Literatur in Mainz (1964) und in den Akademischen Rat der Humboldt-Gesellschaft (1969) geehrt wurde, heute nur Wenigen bekannt? Warum kennen oft nicht einmal Germanisten sein Werk, warum reservieren manche neuere Literaturgeschichten des Zwanzigsten Jahrhunderts ihm allenfalls einige Fußnoten? Mehrere Gründe sind zu nennen und sie haben zu tun mit den Gesetzmäßigkeiten des

Literaturbetriebes und Büchermarktes. Hier seien nur die drei wichtigsten umrissen:

- Der Markt verlangt lebenslängliche mediale Präsenz und eine möglichst kontinuierliche Buchproduktion. Als Heinrich Schirm-beck rund vierzig Jahre vor seinem Tode sein erzählerisches Werk abschloß und nur noch gelegentlich als Essayist und Publizist veröffentlichte, verstieß er gegen dieses ungeschriebene Gesetz. Kennzeichnend ist Dieter Wellershoffs Bemerkung in einem Gespräch mit mir, Schirmbeck sei selbst schuld an mangelnder Beachtung seines Werks, ein Autor müsse sich bemühen, Jahr für Jahr ein Werk abzuliefern. Aus Lektoren- und Verlagssicht ist das durchaus nachvollziehbar, aber das Schöpferische hat andere Gesetze.
- Der Markt verlangt eine eindeutige Marke. Der Autor soll idealerweise in einem eng umrissenen Segment formal abgewandelte und inhaltlich neu aufgehübschte, aber im Kern dennoch immer gleiche und für die Leser leicht wiedererkennbare Wortware abliefern. Ein komplexer, oft geradezu enzyklopädischer Autor wie Schirmbeck, gleichzeitig Realist und Romantiker, Aufklärer und Phantastiker, oszillierend zwischen der Luzidität eines Voltaire und der Rauschgläubigkeit eines Hans Henny Jahnn war dafür nicht zu haben und wird deshalb mit Mißachtung und Nichtbeachtung abgestraft.
- Der Markt begünstigt den mit der Mehrheit politisch konformen, verbal scheinoppositionellen Hofnarren-Schreiber. Der querköpfig-eigensinnige Westfale Schirmbeck, seit der Jugend ein Mann der Linken, aber nie ein dogmatischer Parteigänger, war vor allem in den achtziger und neunziger Jahren mit den politischen Blöcken und Familien über Kreuz. Der CDU/CSU war er zu zeitkritisch und zu links, der SPD und den staatstragend gewordenen GRÜNEN zu antimilitaristisch und neutralistisch. So sehr er 1980 mit dem grünen Aufbruch

sympathisiert hatte, so sehr geriet er in Konflikte, als er eine konsequente Blockfreiheitspolitik, einen Friedensvertrag, eine Konföderation BRD/DDR und die Wieder-vereinigung Deutschlands einforderte. Daß er sich innerhalb der Autorenzunft wenig Freunde machte mit seinen scharfen Attacken auf den golfkriegsbegeisterten Wolf Biermann, als dieser 1991 den Georg-Büchner-Preis erhielt, verwundert nicht.

Schauen wir auf das literarische Zwanzigste Jahrhundert zurück, so steht an seinem Anfang die letzte große originäre Künstlerbewegung, der Expressionismus. Alle sonstigen späteren Stilrichtungen, ob Dada, Neue Sachlichkeit oder Konkrete Poesie usw., sind nur Ausprägungen und Abwandlungen bestimmter Elemente des Expressionismus, des Realismus, der Romantik, der Klassik. Der Expressionismus hatte bereits viele seiner großen Begabungen wie Georg Heym oder Alfred Lichtenstein verloren, als Heinrich Schirmbeck geboren wurde. Zwar nahm dieser von den expressionistischen Stürmern und Drängern manche Anstöße auf, aber sehr viel bestimmender wurde für ihn eine spezifische Mischung aus Romantik und Realismus: Das Phantastische und die dunklen dämonischen Seiten des Lebens stoßen bei ihm auf die pralle Sinnlichkeit eines guten Lebens, aber auch auf die harte Tatsächlichkeit des Krieges, des Sterbens, des zermürbenden Alltags. Zugleich zeigt sich bei ihm ein an der Klassik geschulter unbedingter Formwille. Ohne daß er wie anderthalb Generationen vor ihm Paul Ernst eine „Neuklassik“ proklamierte, war ihm daran gelegen, über die gewöhnliche Wirklichkeit hinauszugelangen und gegen alle modische Banalisierung die Schönheit einer kunstvollen Hochsprache zu verteidigen. Sehr scharf geißelt er 1968 in *Die Kunst ist tot* jene Literatur, die auf den Wellen der Moden und Trends mit modernistischer Wort-Akrobatik sich der Selbstbetäubung und

Publikumsablenkung hingibt: „Die Clowns drehen sich um sich selber ..."[53]. Gleichzeitig ist Schirmbeck in Inhalt und Gehalt ein moderner Autor, der schon sehr früh an überlebten literarischen Dogmen rüttelt (*Von der Fragwürdigkeit des Erzählens* aus dem Jahr 1943), sich mit wachem Blick den Herausforderungen der technisch-wissenschaftlichen Umwälzungen stellt und der Literatur neue Gebiete erschließen will (*Mathematik im Roman*, 1950).

Hier ist die Stimme eines entschiedenen Demokraten und eines Intellektuellen im allerbesten Sinn zu hören, der sich weder den Nazis unterwarf noch den Doktrinen des Kalten Krieges und der etablierten Politik. Schon 1929 erhielt der Vierzehnjährige eine Anerkennungsurkunde des SPD-Innenministers Carl Severing für seine Verteidigung der Republik. 1933 wurde ihm aus politischen Gründen das Studium versagt. 1940 mußte er Soldat werden, desertierte aber kurz vor Kriegsende. In der Bundesrepublik engagierte er sich sehr früh schon gegen die Wiederbewaffnung, die Atomrüstung und die Atomkraftwerke. Die Neigung der Mitläufer und Opportunisten im Nachkriegsdeutschland, sich jenseits des realen antinazistischen Widerstands Rechtfertigungs-legenden zurecht zu schwindeln, fand in ihm einen scharfsichtigen Kritiker (*Falscher Lorbeer*, 1947). Gegen die besonders im gespaltenen Deutschland grassierende Geschichtslosigkeit und Selbstentfremdung verteidigte er die Zielsetzung einer Überwindung des Zwiespalts in der „Geburt eines Dritten, ... das zwischen Totalitarismus und anarchischer Freiheit läge"[54].
Angesichts der heutigen humanitären und politischen Katastrophen im Irak, in Afghanistan usw. sind seine

---

[53] *Die Kunst ist tot*, in *Gestalten und Perspektiven*, Darmstadt 2000, S. 113
[54] *Selbstentfremdung des deutschen Geistes?*, ebd., S. 110

Überlegungen zu Entmilitarisierung und Blocküberwindung, zu einer globalen Sicherheits- und Verantwortungsgemeinschaft, zu einem „Weltgleichgewicht des Vertrauens“[55] aktueller denn je.

Heinrich Schirmbeck ist ein Dichter, dessen Blick weit in die Geschichte zurück und weit in die Welt hinausreicht. Seine zwei wichtigsten Romane *Ärgert dich dein rechtes Auge* (Schneekluth Verlag Darmstadt 1957) und *Der junge Leutnant Nikolai* (ebd. 1958; in der Urfassung als *Gefährliche Täuschungen* 1947 im Suhrkamp Verlag Berlin) spielen in Südfrankreich und in Rußland und behandeln weltumspannende Thematiken: Das Verhältnis von Umwälzungen in der Politik und im Denken, das Verhältnis von Erkenntnisdrang und humaner Verantwortung des Wissenschaftlers. Aber er ist kein Schriftsteller, der ohne reale und geistige Heimat, ohne Verwurzelung in Landschaften und geschichtlich gewachsenen Lebensräumen seine Texte aus der Retorte und aus dem zusammengerührten Allerlei schöpft. Für Heinrich Schirmbeck war seine westfälische Herkunft und Heimat persönlich und literarisch von größter Wichtigkeit. In den neunziger Jahren wollte er sogar zeitweise nach Recklinghausen zurückkehren. Seine späteren Wohnorte, etwa Frankfurt am Main und selbst Darmstadt, wo er fast vier Jahrzehnte zuhause war, spielen in seinen Werken eine geringere Rolle als selbst Regionen wie Flandern, die er nur von Reisen kannte.
Sein Geburtsort Recklinghausen, an der Markscheide zwischen industriellem Ruhrgebiet und agrarischem Münsterland gelegen, bildet den Hintergrund und die Stimmungsfolie für etliche seiner Erzählungen wie *Abschied von Elena*, die ihn als

---

[55] *Umrisse einer Weltsicherheitsgemeinschaft* in *Die Angst des Ödipus. Zum sozial-ethischen Defizit der Moderne*, Frankfurt a. M. 1996, S. 210.

meisterhaften Porträtisten der Menschen und Landschaften an Emscher und Lippe zeigen. Ihn fasziniert nicht zuletzt die Mischung aus vergehender agrarischer Idylle einerseits und landschafts- wie menschenfressender Technik-Invasion andererseits. Es sind inmitten der schwarzen Kohlenhalden die Bergarbeitersiedlungen des proletarischen Recklinghausen-Süd, wo er zur Welt kommt, und die uralten Bauernhöfe seiner Verwandten im Umland, wo Mensch und Vieh unter einem Dach zusammenleben und auf Großmutters Obststreuselkuchen so manche Fliege mit eingebacken ist.

In seinen frühen Erzählungen kontrastiert Schirmbeck auf wenigen Seiten meisterhaft Kindheitserinnerungen, kindliche Einigkeiten und erwachsene Gegensätzlichkeiten, das Aufeinanderprallen der proletarischen und der aristokratischen Lebenswelt, Beschrei-bungen des Elends und revolutionärer Kämpfe. Auch in *Ärgert dich dein rechtes Auge* läßt Schirmbeck die Erinnerungen an das proletarische Recklinghausen seiner Jugend wirksam werden in der Beschreibung der südfranzösischen Szenerie. Aber viel wichtiger ist in diesem großen Roman das, was erst gegen Ende des Zweiten Weltkriegs die Weltpolitik zu bestimmen begann: Die Entdeckung der Atomspaltung und die Entwicklung der Atomwaffen, der endgültige Übergang der Wissenschaft aus einem Glasperlenspiel in eine das menschliche Dasein bestimmende und es zugleich bedrohende Macht. Von diesem archimedischen Punkt aus beschreibt Schirmbeck im *Jungen Leutnant Nikolai* jene Menschen, die nach dem Scheitern der großen Träume am Anfang des Neunzehnten Jahrhunderts (sowohl der Napoleonischen Utopie einer institutionalisierten bürgerlichen Revolution wie auch der dagegen gerichteten antifeudalen nationalen Befreiungskriege und Aufstände) nach etwas Neuem, nach einem Ausweg suchten. Während die einen sich in die reine Wissenschaft zurückzogen, andere in den terroristischen Untergrund flüchteten, wendet sich Schirmbecks rußlanddeutscher Protagonist Nikolai Schönig einer Alternative zu, die gleich weit vom Elfenbeinturm des Forschers wie vom radikalen Aktionismus des politischen Kampfes entfernt ist: der Brüderlichkeit der Verfolgten und Leidenden.

Das immer fraglich und zweifelhaft bleibende Eindringen gespenstischer Gegen- und Zwischenwelten in die Realität wird zum Thema in Erzählungen wie *Isabelle*, *Maud* oder *Marche funèbre*, aber dabei wechselt der poetische Realist und realistische Romantiker Schirmbeck nie vollständig auf die andere Seite, in das Reich der Phantasie und Magie. Es ist gerade die Grenze zwischen Wahn und Wirklichkeit, zwischen Gespenstern und Tatsächlichkeiten, die den Autor fasziniert. Genau dort prallen Welten aufeinander und schlagen Funken.

Frauengestalten spielen für diesen vaterlos aufgewachsenen Schriftsteller eine ganz zentrale Rolle. Teils stehen sie fremd und unerreichbar neben den Männern wie die animalisch-nixenhafte Maud, teils entziehen sie sich ihnen in den Tod und über den Tod hinaus wie Lucy Belfontaine in *Blessur in Silberbromid*. Die psychologisch nachvollziehbaren Motive wie Ängste und Rachegefühle verschlingen sich dabei mit dem Unerklärlich-Irrationalen und Schicksalhaften. Andererseits ist Heinrich Schirmbeck ein Autor, der etwa in der bei allen Einsprengseln aus der Sphäre der Märchen, Legenden und Parabeln dennoch nüchtern-realistischen Erzählung *Philemon und Marieken* sein christliches und humanistisches Credo verteidigt gegen eine Übersteigerung individualistischer Lusterfüllung. In seinem hellsichtigen Essay über Claude Simon, einen der Protagonisten des „Nouveau Roman“, gibt Schirmbeck eine kritische Analyse dieser literarischen Richtung, die in einer „sittlichen Reduktion“ lediglich das „desillusionierende Panorama einer moralisch und seelisch atomisierten Welt“ abbilden will, aber auf jede Suche nach alternativen Werten verzichtet. Diese verdinglichte, Geist

und Emotion aussparende Ästhetik ist in der Tat das genaue Gegenbild zu der emphatischen und für das Humane engagierten Sicht- und Arbeitsweise Heinrich Schirmbecks.
In dem Essayband *Die Formel und die Sinnlichkeit* von 1964, der (so der Untertitel des Buches) „Grundzüge einer „Poetik im Atomzeitalter“ zu entwickeln versucht, beschreibt Schirmbeck den „Einbruch der Naturwissenschaften in unser Leben“, die „Überflutung unseres Alltags mit technischen Geräten“, die „Beschleunigung aller materiellen und informativen Prozesse“ und die „Entsinnlichung aller traditionellen Lebensverhältnisse“ als Reduzierung auf ein „abstraktes Skelett von Funktionen“. Er sucht dabei nicht eine Rückkehr in vormoderne Ausgangszustände, sondern „die Erfindung einer neuen Symbolik, in welcher das zur Anschauung kommt, was eigentlich nicht anschaulich ist: das Hineinwachsen des Menschen in abstrakt-funktionale Existenzformen, welche die Wissenschaft ihm aufzwingt.“
Sein zweiter großer Essayband *Ihr werdet sein wie Götter* (Düsseldorf 1966), vor einem halben Jahrhundert in der Anfangsphase der biologischen Revolution erschienen, geht aus von der Frage, inwieweit der Mensch seine Grundstruktur verändern kann und darf - im Spannungsfeld von Biotechnik, Biokybernetik, Physiologie, Genetik, Informationstheorie, Philosophie und Literatur. Schon damals sagte Schirmbeck voraus, daß diese Problematik die Auswirkungen der atomphysikalischen Entdeckungen in den Schatten stellen würde: „Und wie dem Schöpfer seine Schöpfung, nämlich der Mensch, durch die Hybris der Erkenntnis gewissermaßen entglitt, so begann dem Menschen seine Schöpfung zu entgleiten, nämlich die Gesellschafts-, die Staaten-, die Institutionen- und Apparatenwelt. Wie Gott des Menschen nicht mehr Herr zu werden scheint, so wird der Mensch seiner Schöpfung nicht mehr Herr: sie entwickelt eine

Eigengesetzlichkeit, die ihn in seiner Freiheit und Existenz bedroht."

Einer einerseits von entfesselten Destruktivkräften und Atomapokalypsen, andererseits von Konsumwahn, Identitätsauslöschung und kultureller Amnesie bedrohten Welt, in der über Menschenzüchtung und die Herrschaft der Roboter nachgedacht wird, hat dieser Autor unendlich viel zu sagen - als nüchtern beobachtender Zeuge seiner Zeit, als Deuter der lastenden Gegenwart wie der Zukunftsgefahren, als unbestechlicher Chronist und unbedingter Humanist. Mit dickköpfiger Beharrlichkeit verteidigt er sein bei aller Kirchen- und Religionskritik zutiefst christliches Weltbild gegen die Macht des großen Geldes und gegen das seelenlose Funktionieren der Maschinenmenschen. Am 7. Juli 2005 schrieb ich in der „Neuen Zürcher Zeitung" in meinem Nachruf: „Zwischen fast allen Stühlen, in der Einsamkeit des Außenseiters und dessen, der seiner Zeit voraus ist, hat Schirmbeck den größten Teil seines Lebens verbracht. Er hat immer wieder den Mächtigen und den zeitweiligen Mehrheiten widersprochen - gerade weil er sich stets den europäischen Werten der Aufklärung und der Demokratie verpflichtet gefühlt hat. Menschenrechte, Literatur und Ethik sowie Wissenschaft und Ethik - das sind die Gebiete, die Schirmbeck selbst als ‚bevorzugte Aufgabenfelder' seines ‚aktionserfüllten Lebens' bezeichnet hat." Ich zweifele nicht, daß noch unsere Enkel und Urenkel diesen Dichter der Freiheitsträume und des Gerechtigkeitsstrebens, der Nachtängste und der Lebenssehnsucht lesen und auf seine Worte hören werden.

LESEBUCH HEINRICH SCHIRMBECK, zusammengestellt und mit einem Nachwort von Rolf Stolz, Aisthesis Verlag Bielefeld 2014, Nylands Kleine Westfälische Bibliothek Nr. 46, 163 Seiten

Jean-Claude Coenegracht -

Maler der fassungslosen Zeit

Der belgische Maler und Zeichner Jean-Claude Coenegracht, am 29. September 1948 in Lüttich geboren, trotz seines flämischen Namens von der frankophonen Kultur seiner Wahlheimaten Brüssel und Tournai geprägt, ist einer der großen Einzelgänger jenseits der von den Vier Apokalyptischen Reitern namens Medienzirkus, Modemacherei, Museumsbürokratie und Marktdiktat heimgesuchten Kunstbetriebswirtschaft. Er ist nach Einzelausstellungen in Belgien, Frankreich, Deutschland, Tschechien und Italien weder ganz unbekannt noch ganz erfolglos (Bilder von ihm hängen in belgischen und italienischen Museen und in vielen Privatsammlungen; Siena ernannte ihn zum Maler des Palio 2016), aber trotz seines ebenso umfangreichen wie vielschichtigen Werkes wird er in der Öffentlichkeit längst noch nicht in seiner tatsächlichen Bedeutung gewürdigt. Der Grund dafür ist zunächst einmal, daß dieser Künstler durch seine Kunst überzeugt und nicht durch die Talmifeuerwerke biographischer Pikanterien, marktgängiger Superlativsuche, politisch korrekter Gesinnungszurschaustellung.

Dieser Künstler hat die Zeit, die seit ewig rätselhafte und unfaßbare Zeit, zu seinem zentralen Thema gemacht - und mit ihr die VANITAS, die Vergeblichkeit all der ephemeren, sich verflüchtigenden Lebensmomente. Sein Werk präsentiert uns Menschen der Jetzt-Zeit, verfremdet durch Zeitsprung-Accessoires und stilistisch wie inhaltlich eingebettet in das Gewesene, die Mythen, die Geschichte der Menschheit. Ein Könner, ein ebenso exakter wie phantasiereicher Gestalter, der ohne jede Vorzeichnung seine Schöpfungen zu Papier bringt

(auch auf solches aus dem achtzehnten Jahrhundert - oder auf Leinwand, Holz, Elfenbein), zeigt uns, was er in seiner exzellenten Ausbildung gelernt und sich selbst angeeignet hat, aber er bleibt nicht stehen bei dem, was er von den alten Meistern - vor allem vom Vor-Bild der Bosch, Dürer und Rembrandt - aufgenommen hat.
„Leben und Tod, Befruchten und Gebären" (Gottfried Benn) gehören zu den zentralen Themen der Kunst Coenegrachts. Das Sexuelle ist sehr präsent - mal in unmittelbarer Anschaulichkeit, mal in metaphorisch anspielender Verhüllung. Mann und Frau treten in verschiedensten Kostümierungen auf - alt und hinfällig, jugendlich unbekümmert, reif und abgeklärt - ebenso der Tod, der Herrscher, der Narr, der Zauberer. Eine junge Frau begegnet sich selbst als verhärmte Alte; in dem Aquarell *Rinascimento* geht der Blick einer jungen, im Profil gezeigten Frau ins Weite und über eine ganz unrealistisch als Parallele zu ihrer Brust gestaltete Blume hinweg, ganz ähnlich jener in *Vanitas - A Cranach,* die in harmonisch-schönem Schwung der Linie einer Schulter und eines Halses folgt.
Als der Maler sich 1981 als Dreiunddreißigjähriger porträtiert, bildet er sich ruhig und selbstbewußt ab, aber auch ironisch als einer, der in die Rolle des Reichen und Mächtigen geschlüpft dem gegenübersteht, der gefälligst sein Konterfei zu liefern hat. Im *Palio* von 1987 malt er nicht das sienesische Pferdespektakel, sondern eine Verschlingung von männlich-blinder Kentaurenwildheit und weiblich-hellsichtiger Augenlust. In verschiedenen Bildern kommen sich die Gesichter nahe, rühren aneinander, gehen im doppelbödigen Durchspielen von Varianten der Ähnlichkeit und Verschiedenheit ineinander über. Reißverschlüsse werden zu Grenzmauern, alles ist exakt wiedergegeben, das Reale wie der Wahntraum, aber stets muß der Betrachter intuitiv etwas Unsichtbares hinzudenken.

Post tenebras spero lucem, „nach den Finsternissen hoffe ich auf das Licht", dieses Motto einer Serie seiner Arbeiten ist auch ein Lebensmotto des Künstlers, der durch einige Düsternisse hindurchgegangen ist und sich nie aufgegeben hat. Lebenssymbole wie z. B. zwei rote Kirschen oder zwei rote Trommelschlegel, leuchtende Naturfarben, das Lächeln des Trotz-alledem-Lebens signalisieren in dieser Malerei immer wieder die Überwindung des Schreckens und der schwarzen Leere.

Hinweis:
Jean-Claude Coenegracht / Rolf Stolz: ECCE HOMO. Das Tagebuch meines Großvaters (dreisprachiger Bildband französisch/deutsch/niederländisch mit farbigen Zeichnungen von JCC und Photographien sowie einem Vorwort von RS, Geleitwort Ministerpräsident Karl-Heinz Lambertz), Bernstein Verlag Bonn 2014, fester Einband, Kunstdruckpapier 200 g, 28,90 €. (authentisches Kriegstagebuch 1914/15)
Rolf Stolz: DER ABGRUNDZAUBERER 248 Seiten, mit 5 Illustrationen von Jean-Claude Coenegracht; 9,90 Euro; Diese Druckversion des in der Edition Bärenklau erschienenen, über Amazon Kindle vertriebenen E-Buchs (1,53 Euro) ist nur über den Autor und den Verlag zu beziehen. EDITION BAERENKLAU, Koalabärweg 2, 16727 Bärenklau (OT), Verlag-Baerenklau@web.de
Eine vom Autor und vom Künstler signierte, numerierte Sonderausgabe als gebundenes Großformat-Buch mit 6 ganzseitigen farbigen Illustrationen in lediglich 20 Exemplaren kostet 49 Euro. Bezug nur über den Autor möglich: rolf.stolz@web.de
Jean-Claude Coenegracht / Rolf Stolz: 8 ZEICHNUNGEN UND 8 GEDICHTE, KÜNSTLERBUCH 2012, 25 von beiden Künstlern signierte und numerierte Exemplare zu je 25 € (Bezug nur über den Autor, s. o.).

Said Kahla - Maler der Wüste, der leuchtenden Städte und der explodierenden Sonnen

Bunte, manchmal sogar regelrecht knallige Farben (lila, rosa, türkis), krasse Kontraste, aber auch Verschattungen und Eindunklungen, vieles Ungegenständliche, aber immer wieder Wirklichkeitsfragmente, klare statische Vereinfachungen und andererseits wie Chaosbeschwörungen wirkende wilde Bewegtheit in Bildern wie *Couleurs d'été („Farben des Sommers“)* und *Soleils éclatés („Explodierte Sonnen“)* - die Malerei von Said Kahla ist voller offener Gegensätze.

Auch der Mensch Said Kahla ist reich an Facetten und Unterschieden. 1950 in Straßburg als Sohn eines Algeriers und einer Deutschen geboren, in Algerien aufgewachsen, kam er 1989 als politischer Flüchtling mit seiner Frau, einer algerischen Germanistin, und den Kindern nach Deutschland.

Das Ultra-Laufen jenseits der Marathonstrecke war für Said Kahla eine harte und gute Schule. Immer wieder hat er sich dabei großen Herausforderungen gestellt. So hat er im Juli 2004 und 2005 - also mit Mitte fünfzig - zweimal erfolgreich den wohl härtesten Ultramarathon der Welt im kalifornischen Death Valley absolviert: 135 Meilen (217 km) bei glühender Hitze (bis 60 Grad) und 5300 Metern Höhendifferenz. 2005 benötigte er dafür 38 Stunden und war Dritter unter 12 ins Ziel gekommenen Deutschen. Manchmal wird die eher langsame, aber dafür lang anhaltende Bewegung des Laufens in den Bildern Said Kahlas sogar direkt thematisiert wie im *Cityläufer* von 2007.

Seine Lebensgeschichte im Dreieck Frankreich-Algerien-Deutschland, verbunden mit den drei Sprachen Französisch, Arabisch und Deutsch, gehört zu den Prägungen dieser außergewöhnlichen Konstellation. Die Einsamkeit des oft nachts Malenden wie des Ultralangstreckenläufers und andererseits ein lebhaftes, „südlich-mediterranes" Kommunizieren mit vielen Menschen, die penible Sorgfalt des Anästhesie-Oberarztes und die ruhelose Kreativität des Künstlers, mütterliche deutsche und väterliche algerische Gene, internationalistischer Aktivismus und politische Kleinarbeit als Stadtratsmitglied, das Engagement gegen den Scharia-Islamismus und die Selbstdefinition als laizistisch gesonnener Reform-Muslim - all das stößt aufeinander und erzeugt durch Reibung Energie.
In der Malerei Said Kahlas spielen Kreise, Räder und Spiralen eine große Rolle - Sinn-Bilder der Bewegung und ewigen Wiederkehr. Immer wieder finden sich dekorativ-ornamentale Elemente, die eine Beziehung zur arabischen Tradition der Kalligraphie, der Teppichmuster und der Wandverzierungen haben, in denen aber zugleich eine sozusagen „deutsch-französische" rationale Strukturiertheit in das scheinbare Chaos des freien Spiels der Gestalten gebracht wird. Geometrisches bildet den Kontrapunkt zu runden Formen; Bänder, Schwünge, Bewegungen greifen ineinander und prallen aufeinander. In *Souvenir („Erinnerung")* sind inmitten starker Farben plötzlich kleine Dinge zu entdecken: eine Brille und etwas, das ein Herz sein könnte. Dann wieder finden sich Anklänge an Städte oder uralte Muster, vor allem aus der Berber-Tradition. Die Khomsa, die Hand mit den fünf Fingern, taucht auf als mythisches Symbol, das als „Hand der Fatima" und Amulett gegen den bösen Blick in den islamischen Volksglauben übergegangen ist. Im *Signe berbère („Berberzeichen")* von 2009 symbolisieren das Ocker des Sandes und das Schwarz des Steins die Erde Afrikas, während die Bögen und Brücken für die Freiheit und das

Unendliche stehen. Im *Desert Panorama („Wüstenpanorama")* sieht man in der Mitte die braunen Felsen, auf den Horizont zulaufend, rechts und links den hellgelben Sand, darüber das Blau des Himmels. Gemalt ist das nicht in glatten ungegliederten Flächen, sondern mit feinen Abstufungen von Schwarz und Weiß als Binnengliederung, als Struktur in der Mannigfaltigkeit. So wie die deutschen Expressionisten von den außereuropäischen „Primitiven" lernten, hat sich Said Kahla manches von der naiven Kunst und von Kinderzeichnungen angeeignet - etwa bei der Auflösung der Wirklichkeit durch eingestreute Wirklichkeitsfragmente und bei der Auflösung der gewohnten Dreidimensionalität und Perspektive. Seine *Territoires urbanes („Städtische Gebiete")* und seine Wüstenpanoramen zeigen Einbettung und Einsamkeit, Fülle und Reduzierung, die reine leere Landschaft und die Stadt als eine andere Art von Landschaft. Die Fassaden der Städte sind voller Fenster und werfen die unlösbare Frage nach dem „Dahinter" auf; die Durchblicke offenbaren mal Leere, mal Überraschungen und Exotisches bis Unmögliches. *L'Arche („Der Brückenbogen",* das Wort bedeutet auch *„Die Arche")* hat etwas Ruhig-Umfangendes. Die Durch-Sicht durch den Bogen könnte vom Fluß davor auf das nahe Meer oder vom Rhein auf die Küste Algeriens gehen. Das Meer, die Sonne, ein kräftig gelbes Licht sind da: Andeutungen, Verrätselungen, Spiralen, Untersee-Traum-Räume voller ungewohnter und ungewöhnlicher Farben. *Les rouages du temps („Das Räderwerk der Zeit")* von 2010 ist geprägt von einem farbstarken, fröhlichen Durcheinander, das seine eigene Ordnung hat: Das Verschlungen-Werden durch den Ablauf der Zeit trifft auf das Sich-Ineinander-Verschlingen in einem ewigen Flecht- und Netzwerk. In *Soleils („Sonnen")* finden sich mehrere schwarz umrandete Vierecke mit vagem Inhalt in Grün, Blau, Gelb und Rosa - es läßt sich nicht definitiv sagen, ob es sich um gerahmte Kunstwerke, Fenster oder umrandete Beete handelt. Auch das Bild *Symboles („Symbole")* ist verrätselt, enthält bei sparsamem Einsatz der Farben (ein mattes Grün und Weiß) viele kleine Zeichen, während oben ein tiefes heiliges Blau über allem zu schweben scheint. Bild-Frage-Zeichen, Andeutungen, Querverbindungen gehören eben notwendig zu dieser reichen und faszinierenden Kunst. Die *coincidentia oppositorum,* das Zusammenkommen der Antagonismen, ist unter- und hintergründig vorhanden, nur liegt sie nicht auf der Hand und verweigert sich einer billigen Versöhnlichkeit. Aber Said Kahla beweist durch seine Person und sein Werk, daß und wie Integration verschiedener kultureller Identitäten möglich ist. Schnell und leicht ist diese Neuvereinigung des Gegensätzlichen allerdings niemals zu haben, sondern nur in einem langen, strapaziösen und gewundenen Lebens-Lauf.

Hinweis: Etliche Gemälde sind auf der Netzseite www.kahla-art.com zu finden.

Ángeles Santos und Alfonso Ponce de Léon

2007 stieß ich im Madrider Museum „Reina Sofia" zum ersten Mal auf vier großartige realistisch-surrealistische Gemälde: Zwei von Alfonso Ponce de Léon, zwei von Ángeles Santos. Bei Santos war Geburtsjahr und Geburtsort vermerkt: 1912 in Port Bou bei Gerona. Es fehlte jeder Todeshinweis, ich kannte den Namen nicht, wußte zunächst nicht einmal, ob es sich um einen Maler oder eine Malerin handelt. Erst später erfahre ich, daß die Künstlerin Ángeles Santos Torroella damals tatsächlich noch lebt. Immerhin ist sie einem Katalogersteller aufgefallen als bedeutend für die Geschichte der „Neuen Sachlichkeit" in Spanien. Im Oktober 2013 stirbt sie mit 101 Jahren. Die Bilder: *Un mundo* von 1929 und *Tertulia* aus demselben Jahr, also von einer Siebzehnjährigen gemalt, sind unglaublich. Eine schwebend-fliehende Welt in den Weiten des Raumes, umgeben von Engeln, dämonischen Schicksalsmusen. *Tertulia* übertrifft Balthus bei weitem, läßt ihn wie einen Epigonen dieses Mädchens erscheinen, das er zumindest damals kaum gekannt haben dürfte. Realistisch, klar, eindeutig und zugleich mehrere ganz verschiedene Persönlichkeiten, jede einzelne voller Geheimnis und Abgrund.

Von Alfonso Ponce de Léon y Caballo erfahre ich, als ich wieder in Deutschland bin, daß er nur dreißig Jahre geworden und im Bürgerkriegsjahr 1936 in Madrid gestorben ist. „Woran auch immer", dachte ich, „die Guten sterben jung." Erst mehr als zwei Jahre später versuche ich Näheres über ihn herauszufinden. Ach ja, er stieß sehr früh zu den Falangisten. Ich lese seine Todesanzeige: Ermordet von der „roten Horde" am 29.

September 1936 mit seinem älteren Bruder Guillermo, einem Anwalt, einen Tag vor seinem Vater, der „Procurador de los Tribunales“ war und etwas mehr als einen Monat vor seinem ältesten Bruder Juan, einem Flieger.
Seine beiden Bilder entstanden 1930: *Descanso (El sueño)/„Rast (Der Traum)“* und *Accidente („Unfall“).* Das eine inszeniert den Liebestraum als Traum, die Haare der erträumten Frau formen nahe dem Gemächte des Mannes ein überirdisches Gespinst. Ringsum weht der müde und kranke Flair der Tropen. In dem anderen erscheint der Unfall wie eine Vorahnung des eigenen Sterbens: Ein äußerlich fast unverletzter Mann liegt da mit weit geöffneten, noch nichts begreifenden, noch nichts verspürenden Augen. Beherrschend und machtvoll wird die Autofront gezeigt: ein Verhüllungs- und Offenbarungszeichen der modernen Destruktionsmaschinerie. Neben dem Auto steht eine Art Schicksalsstein, der zugleich wirklich und absurd wirkt - ganz so, als sei er den populären Bebilderungen des „Fröhlichen Friedhofs“ von Sápânta in der rumänischen Maramureş entsprungen.
Lange hatte unsereiner das einfache Märchen geglaubt vom freien Spanien, von den immer nur edlen Roten, den heroischen Internationalisten. Das war zu schön, um geschichtlich wahr zu sein. Die Wahrheit ist wie immer erstens hundertfach gebrochen und zweitens tausendfach schmutzig.

Das KUNSTGEFLECHT als künstlerisches Entwicklungsprinzip - seine konkrete Gestalt zwischen RHEIN und DONAU, jenseits provinzieller Enge und globalistischer Entgrenzung

Vortrag auf dem IX. Internationalen Kongreß der Germanisten Rumäniens in Bukarest, 4. - 7. Juni 2012

....

Zusammenfassung des Vortrages

Die Konzeption des KUNSTGEFLECHTs versucht einen neuen, den gegenwärtigen Herausforderungen angemessenen „Dritten Weg" zwischen dem totalen ideologischen Anspruch eines Gesamtkunstwerks einerseits und einer eingegrenzten, ziel- und geistlosen Praxelei der Einzelkünste andererseits. Es geht um ein organisches, selbstbestimmtes Sich-Verbinden einzelner Künstler und Künste zu einer lebendigen ganzheitlichen Gestalt. Die historischen Einflußfaktoren (Romantik, Richard Wagner) werden ebenso skizziert wie die Versuche, im späten zwanzigsten Jahrhundert Intermedialität umzusetzen (Fluxus-Bewegung usw.). Es wird sowohl eine theoretische Fundierung der KUNSTGEFLECHT-Idee versucht, wie auch anhand praktischer Beispiele geschildert, wie sich im kreativen Prozeß Maler, Poeten und Musiker beeinflussen und wie in Aktion und Reaktion palimpsestartig ein Wirkungszusammenhang selbständiger und doch prozessual verbundener Individuen und Einzelwerke entsteht.

Ansatz und Arbeitsweisen des KUNSTGEFLECHTS

Im Herbst 2010 begannen mehrere Künstler aus dem Rheinland, aber auch aus Berlin und Leipzig, das Projekt **KUNSTGEFLECHT**, eine für alle Künste und alle Künstler offene Gruppe, an der bislang Autoren, Musiker, Maler und Literaturwissenschaftler beteiligt sind. Die Zielsetzung ist, daß sich verschiedene Künstler und Kunstformen sowohl jeweils für sich wie auch gemeinschaftlich in Dialog und Kooperation produktiv verwirklichen können. Am 18. 12. 2010 gründete sich der inzwischen eingetragene und als gemeinnützig anerkannte **Kunstverein KUNSTGEFLECHT e. V.**, um die Veranstaltungen und Veröffentlichungen auf eine feste Grundlage zu stellen und so eine dauerhafte und kontinuierliche schöpferische Zusammenarbeit zu ermöglichen. Seither fanden in Siegburg (rund 43.000 Einwohner), der zwischen Köln und Bonn gelegenen Kreisstadt des Rhein-Sieg-Kreises (rund 600.000 Einwohner), vier sehr erfolgreiche Veranstaltungen mit Musik, Lesungen und Kurzvorträgen statt[56]. Seit dem Februar 2011 erscheint halbjährlich „RHEIN!", eine Zeitschrift für Worte, Bilder, Klang. Schon die zweite Ausgabe lieferte - meist in Erstveröffentlichungen - mit vielen namhaften Autoren (Kurt Drawert, Tanja Dückers, Bodo Hell, Alban Nikolai Herbst, Albert Ostermaier, Joachim Sartorius usw.) einen Querschnitt durch die aktuelle deutschsprachige Literatur. Dies setzte die Nr. 3 mit Autoren wie Alexander Kluge, Nora Gomringer und Matthias Politycki fort. Im Mai 2012 erschien als Sonderausgabe „RHEIN! Nr. 4: Deutsche Literatur aus Rumänien" mit Texten u. a. von Carmen-Francesca Banciu, Nora Iuga, Franz Hodjak, Eginald Schlattner, Dieter Schlesak, Joachim Wittstock.

Auch wenn bislang die Literatur eine gewisse Vorrangstellung in der Zeitschrift einnimmt, erscheinen dort auch Aufsätze über Malerei und

---

[56] Zusätzlich zwei Konzerte (Leonhard Beck und Kostas Papanastasiou).

Musik, werden Gemälde und Photographien in Farbabbildungen abgedruckt. Innerhalb der Veranstaltungen werden nicht allein Gedichte und Erzählungen gelesen, sondern es wird jeweils ein bebilderter Dialog mit einem Maler geführt, neue und ältere Musikwerke (oft Wiederentdeckungen) kommen zur Aufführung - meist gespielt von Professor Leonhard Beck, Vorstandsmitglied im KUNSTGEFLECHT, der lange Jahre an der Folkwang-Universität Gitarre gelehrt hat und dem viele namhafte Komponisten wie Tilo Medek (1940 - 2006) Werke gewidmet haben.
Der Moerser Komponist Bernd Hänschke (*1948), seit der Gründung Vorsitzender des Kunstvereins KUNSTGEFLECHT e. V., war 1980-1983 Meisterschüler von Hans Werner Henze, dessen Musik er als künstlerischer Leiter des von ihm gegründeten Henze-Kammerensembles weiter verbunden bleibt. Neben seiner Arbeit als Musikdozent und als Dirigent hat Hänschke ein umfangreiches Werk geschaffen, das von der Symphonie bis zur Theatermusik verschiedenste Genres umfaßt. 2011 hat er in dem Text *Palimpseste - Variationen über ein Thema*[57] dargelegt, wie er sein Klavierwerk *Studie in Blau* komponiert hat, in das Eindrücke aus Bildern des mit ihm befreundeten abstrakten Aachener Malers Ha WeBe (Hans-Werner Berretz, *1951) einflossen. Ha WeBe, der mit über einhundert Ausstellungen in verschiedenen Ländern internationales Ansehen genießt, hat seit vielen Jahren mit Komponistinnen und Komponisten wie Bernd Hänschke, Violeta Dinescu (*1953), Michael Denhoff (*1955) und Karlheinz Stockhausen (1928-2007) zusammengearbeitet - große zyklische Arbeiten sowie Kunstvideos entstanden so. Michael Denhoff sagte über diese Kunstwerke: „Sie sind auf sehr sinnliche Art und Weise selbst Musik. Der Bildraum vibriert durch die feinen Schwingungen, die die auslösende Musik in Bewegung gesetzt hat. Die Bilder leuchten von innen heraus."

[57] Siehe „RHEIN!" Nr. 1, Februar 2011´, S. 65-68.

Das Palimpsestieren bezeichnete im Mittelalter das Löschen und erneute Überschreiben handschriftlicher Texte auf Pergament. Im Prozeß des KUNSTGEFLECHTs geht es um ein Aufnehmen und Fortlassen, um Weiterführen und Abbrechen, um Berührungen und Anstöße. 2010 habe ich ausgehend von Bernd Hänschkes *Studie in Blau* das Gedicht „Blau, das verschwundene Blau ..."[58] geschrieben und den kreativen Prozeß in meinen Anmerkungen *Zu einem Gedicht zu einem Musikstück zu einem Gemälde*[59] beschrieben. Bernd Hänschke wiederum erläutert in *Nachtfarbe – Palimpsest IV*[60], wie er 2011 aus meinem Gedicht die Impulse für sein Klavierstück *Nachtfarbe* genommen hat. Auf diese Musik reagierte in der Folge Ha WeBe mit Bildern, auf die hin wiederum Bernd Hänschke die Klavierstücke *Nachtklänge* und *Im Garten der Sinne* komponierte.

Nach meinem Gedicht *Die Frau* hat Bernd Hänschke 2012 die im März 2012 in Siegburg von Professor Leonhard Beck uraufgeführte Fantasie für Gitarre *Wie von Sandelholz* komponiert[61]. *Die Frau* bildet zugleich den Auftakt in dem 2012 erschienenen Künstlerbuch *8 Zeichnungen und 8 Gedichte,* für das der zum KUNSTGEFLECHT gehörende Brüsseler Maler Jean-Claude Coenegracht acht Illustrationen zu meinen auch ins Französische übersetzten Gedichten schuf[62].

Der vielgestaltige Prozeß des KUNSTGEFLECHTs wird nicht zuletzt davon geprägt, daß mehrere seiner Mitwirkenden Doppel- und Mehrfachbegabungen sind:

---

[58] Siehe „RHEIN!" Nr. 1, S. 72-73.

[59] Siehe „RHEIN!" Nr. 1, S. 68-71.

[60] Siehe „RHEIN!" Nr. 3, S. 42.

[61] Alle hier genannten Musikwerke liegen noch nicht in Verlagsausgaben vor, sind aber vorgesehen für den Verlag ARTIVO music, Balve.

[62] Ein You-Tube-Video über dieses Werk ist zu finden unter www.rolfstolz.de/Aktuelles.htm.

- Waltraud Markmann-Kawinski (*1931-2012), eine der Protagonistinnen der Kölner Kunstszene der sechziger und siebziger Jahre des zwanzigsten Jahrhunderts, war Malerin und Autorin autobiographisch-fiktiver Bücher.
- Kurt Roessler (*1939) ist ursprünglich Professor für Kosmochemie, hat sich aber seit Jahrzehnten als Literaturwissenschaftler, Graphiker und Lyriker einen Namen gemacht.
- Nikolaus Gatter (*1955) ist promovierter Germanist (u. a. Varnhagen-Forschungen), aber auch belletristischer Autor und Liedermacher.
- Ich habe mit meinen photographischen Arbeiten zur Gestaltung der Zeitschrift beigetragen[63].
- In der Sonderausgabe (Nr. 4) können Entsprechungen und Differenzen zwischen Lyrik und Malerei von Ilse Hehn[64] studiert werden.

Intermediale Kunst

Die Künste zu verbinden oder sogar (wieder oder neu) zu vereinen, ist eine alte Idee, die sowohl regressive Züge (zurück zu einem guten alten Paradies der Ununterschiedenheit) wie auch revolutionäre Anteile (vorwärts zu einer neuen Ordnung der Kunst-Welt wie der rauhen Wirklichkeit) einschließt. Radikalisiert, sozusagen totalisiert wird diese Vorstellung in der Konzeption des Gesamtkunstwerks, bei dem mehrere Künste zu einem Ganzen zusammenkommen. Eine moderne Variante dieses Versuchs ist die Theorie einer Intermedialen Kunst, die vor allem in den sechziger Jahren von dem Fluxus-Künstler, Komponisten, Dramatiker, Autor und von 1964 bis 1974 Verleger der „Something Else Press“ Dick Higgins (1938 - 1998) im

[63] u. a. die Titelbilder der Nrn. 1 – 3, in Nr. 4 S. 85-86.
[64] S. 26-29 und Titelbild.

Sinne einer grenzüberschreitenden Kooperation zwischen traditionellen und digitalen Medien, Kunst und Pop-Kultur entwickelt wurde. Als Fluxus-Kunst sieht Higgins visuelle Poesie, poetische Bilder, Aktionsmusik, musikalische Aktion, Happenings. In seinem Text *Intermedia*[65] von 1966 bezieht er sich positiv u. a. auf die Readymades von Marcel Duchamp und die Photocollagen John Heartfields, die für ihn den entscheidenden Fortschritt aus den Grenzen der alten Kunst heraus darstellen – ganz anders als etwa das Werk Picassos, das der alten und überlebten Malerei verhaftet bleibe. Leben und Kunst sollen neu vereint und nicht künstlich voneinander getrennt werden. Der Fluxus-Künstler Emmett Williams (1925 - 2007) erklärte dazu: „Das Leben ist ein Kunstwerk, und das Kunstwerk ist Leben. Fluxus begriff das gesamte Leben als ein Stück Musik, als einen musikalischen Prozeß."[66]

Das Gesamtkunstwerk: Romantik, Revolution, Nihilismus

Der Begriff des Gesamtkunstwerks taucht zuerst 1827 bei dem Schriftsteller und Philosophen Eusebius Trahndorff in seiner in Berlin erschienenen Schrift *Ästhetik oder Lehre von der Weltanschauung und Kunst* auf. Es ist unklar, ob Richard Wagner, der 1849 in *Die Kunst und die Revolution* das Gesamtkunstwerk zu seiner Lebensaufgabe macht, auch wenn er diesen Begriff eher beiläufig erwähnt, Trahndorffs Werk kannte. Wagner, den ein Steckbrief von 1853 als „politisch gefährliches Individuum" und „einen der hervorragendsten Anhänger der Umsturzpartei" bezeichnet, erscheint die „neue, wahre Kunst" der Zukunft erst dann möglich, wenn zuvor „alles Alte" durch eine Revolution zerstört wird.

Die geistige Grundlage zu diesen Entwürfen entsteht eine Generation früher in der Romantik, die an den Bruchlinien zwischen bourgeois-

65 In: *Something Else Newsletter*, Band 1, Nummer 1, 1966

66 zitiert nach www.kunstwissen.de

kapitalistischer Gesellschaft und Feudalismus, zwischen wissenschafts-begeisterter Aufklärung und Beschwörung mittelalterlich-mystischer Gefühlswelten, zwischen Revolution und revolutionskritischer Gegen-Reaktion ein neues Bild der Welt entwirft – diametral nicht nur den klassisch-antikisierenden Harmonieidealen entgegengesetzt, sondern trotz aller individuellen Frömmigkeitsausbrüche und Nostalgien ebenso unvereinbar mit der Weltsicht des christlichen Mittelalters wie der Reformationszeit. Denn wo sich der Künstler noch des Barocks eingebunden fühlte in den Zusammenhang einer großen göttlichen Schöpfung, der er als *servus Dei*, als *Diener Gottes*, seine kleine Schöpfung einbettete, spricht Friedrich Schelling, für den „Kunst das wahre Organon der Philosophie“[67] ist, 1802 im Zeichen der Autonomisierung der Kunst wie des Künstlers von der „notwendigen Gottwerdung des Menschen“[68]. Er proklamiert, wir würden in Zukunft „auf dieser geistigen Leiter frei und ohne Widerstand auf und ab uns bewegen, jetzt herabsteigend die Einheit des göttlichen und natürlichen Prinzips getrennt, jetzt hinaufsteigend und alles wieder auflösend in das Eine, die Natur in Gott, Gott aber in der Natur sehen.“[69] Auf diese Blütenträume der romantischen Jünglinge und der jugendfrischen Moderne folgt wenige Jahre später allerdings die unvermeidliche Ent-Täuschung. Mit diesem Katzenjammer, mit dieser widerwilligen Einsicht in Menschlich-Allzumenschliches wird der totale Anspruch des Künstlers wie der Kunst in Frage gestellt, wenn nicht sogar bereits negiert, ehe noch in der zweiten Hälfte des neunzehnten Jahrhunderts

---

[67] „System des transcendentalen Idealismus“, 1800, Schelling-Werke, Bd. 2, S. 25

[68] „Bruno, oder über das göttliche und natürliche Princip der Dinge“, Schelling-Werke Bd. 2, S. 532-533

[36] ebd.

mit der Strömung des *l'art pour l'art* (also der Kunst um der Kunst willen: die Parnassiens, Charles Baudelaire, Gustave Flaubert, Oscar Wilde, Stefan George usw.) und mit dem Wagnerschen Gesamtkunstwerk die Auflösung der traditionellen Bindungen der Kunst an Religion, Welt und Geschichte auf die Spitze getrieben wird. Richard Wagner nimmt in seiner Verherrlichung der griechischen Kunst, seiner Kritik am weltverneinenden Christentum, in seiner Utopie „starker, schöner Menschen" vieles vorweg, was als Dogma vom toten Gott und vom moralfreien Übermenschen später Friedrich Nietzsche verfechten wird. Zugleich ist er in seiner Kapitalismuskritik und seinem Angriff auf die Waren-Kunst sehr nahe bei Karl Marx: „Aus dem Herzen unserer modernen Gesellschaft, aus dem Mittelpunkte ihrer kreisförmigen Bewegung, der Geldspekulation im Großen, saugt unsere Kunst ihren Lebenssaft, borgt sich eine herzlose Anmut aus den leblosen Überresten mittelalterlich ritterlicher Konvention, und lässt sich von da - mit scheinbarer Christlichkeit auch das Schärflein des Armen nicht verschmähend - zu den Tiefen des Proletariats herab, entnervend, entsittlichend, entmenschlichend überall, wohin sich das Gift ihres Lebenssaftes ergießt."[70]

In der Romantik werden die Schatten- und Schreckensseiten der Aufklärung und der blinden Fortschrittserwartungen bewußt, beginnt die Konfrontation mit den Dämonen des Nihilismus. Genau das sagt gegen Ende der Romantik leitmotivisch das großartige, vom Spießertum als rührselige Greisenklage mißdeutete Gedicht Friedrich Rückerts *Aus der Jugendzeit*: „Als ich wiederkam, war alles leer." Rückert schreibt dies um 1818 als Dreißigjähriger in seiner römischen Zeit[71] - zurückblickend auf die eigene Jugend, aber auch auf die großen künstlerischen und politischen Hoffnungen der Hochromantik und der Befreiungskriege. Diese erschreckende Leere

---

[70] *Kunst und* Revolution, in Gesammelte Werke u. Schriften, Bd. 3, S. 19

[71] Veröffentlicht wird der Text erst 1831.

der Welt ist eine zwingende Folge enttäuschter Verheißungen. Wo Schelling noch die Einheit von Kunst und Natur als greifbar nahes Ziel versprach, sieht Rückert im Finale seines Gedichtes zwar immer noch die Natur in ihrem ewigen Kreislauf als Gegenpol zur Sinn- und Weltleere der Gegenwart, zu dem Herz, das geleert ist und nie mehr voll wird, aber er vollzieht eine artistische Volte, indem er die Natur sozusagen zur Verkünderin jenes Vakuums macht, das der Parnassien Leconte de Lisle (1818 - 1894) eine Generation später als „néant divin"[72], als göttliches Nichts, feiern wird.
Rückerts *Aus der Jugendzeit* endet so:

„Keine Schwalbe bringt, keine Schwalbe bringt
Dir zurück, wonach du weinst;
Doch die Schwalbe singt, doch die Schwalbe singt
Im Dorf wie einst:

‚Als ich Abschied nahm, als ich Abschied nahm,
Waren Kisten und Kasten schwer;
Als ich wieder kam, als ich wieder kam,
War alles leer.' "

Es wirkt wie ein Durchspielen der berühmten romantischen Ironie, wenn in dieser Kehrtwende voller Kehrreime Natur und Kunst sich vereinen - aber nun nur zu einer gemeinsamen Absage an die alten (Selbst)Täuschungen von Fülle und Erfüllung, Leben und Bewahren. Es ist diese Radikalität in der Negation des Bestehenden - auch des bestehenden Kunstbegriffs - die sich an der Nachtseite der Romantik bereits bei Jean Paul *Rede des toten Christus vom Weltgebäude herab, daß*

---

[72] Schlußzeile des Gedichts *Midi*, in *Poèmes antiques* (1852)

kein Gott sei[73] oder den *Nachtwachen* des „Bonaventura" von 1804 angekündigt hat.

Kunstgeflecht und Gesamtkunstwerk

Der Philosoph Odo Marquard hat in einem großen Aufsatz *Gesamtkunstwerk und Identitätssystem. Überlegungen im Anschluss an Hegels Schellingkritik*[74] ausführlich dargelegt, welche Fragwürdigkeiten sich mit dem „Mythismus" und der Tendenz zum Esoterischen im Gesamtkunstwerk verbinden. Er zitiert Schelling: „Ich bemerke nur noch, dass die vollkommenste Zusammensetzung aller Künste, die Vereinigung von Poesie und Musik durch Gesang, von Poesie und Malerei durch Tanz, selbst wieder synthetisiert die komponierteste Theatererscheinung ist, dergleichen das Drama des Altertums war, wovon uns nur eine Karikatur, die Oper, geblieben ist, die in höherem und edlerem Stil von Seiten der Poesie sowohl als der übrigen konkurrierenden Künste uns am ehesten zur Aufführung des alten mit Musik und Gesang verbundenen Dramas zurückführen könnte" (V 736) und stellt dann fest: „Man kann das als die Ankündigung von Wagner lesen. Just dort also, wo das Identitätssystem - das die gesamte Wirklichkeit zum Kunstwerk erklärte - an sein Ende kommt und zerbricht, provoziert dies - mit elegischem Enthusiasmus für die Verbindung zwischen Kunst und „öffentlichem Leben" nebst „Gottesdienst" (ebd.) sowie durch kritische Bezugnahme auf die

---

73 aus *Siebenkäs. Blumen-, Frucht- und Dornenstücke oder Ehestand, Tod und Hochzeit des Armenadvokaten F. St. Siebenkäs im Reichsmarktflecken Kuhschnappel, 1796/97*

41 In: Szeemann, Harald *Der Hang zum Gesamtkunstwerk.* Sauerländer Verlag, Frankfurt am Main, 1983. S. 40 - 49.

„Oper“ - bereits bei Schelling die Suche nach jenem Kunstwerk, das alle Künste in einem Kunstwerk vereinigt und gerade dadurch die Trennung von Kunst und Wirklichkeit mildert: die Suche nach dem Gesamtkunstwerk.“[75] In der Tat ist dem Gesamtkunstwerk der Anspruch immanent, auszugreifen in die Wirklichkeit und in der künstlerischen Schöpfung eine zweite, eigentliche Wirklichkeit zu schaffen, die eine Geltung *sui generis* gewinnt. Auch sollen in ihm nicht etwa nur einzelne Künste nebeneinander zum Einsatz kommen, sondern ihre Verbindung soll zwingenden Notwendigkeiten folgen und eine völlige Homogenität der einzelnen Bestandteile erreichen. Dies negiert völlig die unüberwindliche Besonderheit und Widersprüchlichkeit der einzelnen Künste, der einzelnen Kunstwerke, der einzelnen Künstler. Statt der revolutionär-voluntaristischen Vereinheitlichung der Elemente scheint es sowohl realistischer als auch ergebnisreicher für den kreativen Prozeß, die gegebenen Widersprüche zu sehen, anzuerkennen, zu ertragen und sie fruchtbar zu machen für ein bei aller Getrenntheit und Zerrissenheit doch gemeinsames Ergebnis. Die Künste gehören zwar zu einer und derselben Familie, aber so wie es in den besten Familien Streit gibt, so ist auch unter den Musen nicht alles Eintracht - wie es Wilhelm Busch so genial in seiner Bildgeschichte „Die feindlichen Nachbarn oder die Folgen der Musik“[76] demonstriert.

Wie schon der Name unserer Zeitschrift „RHEIN!“ nahelegt, verweigert sich unsere Arbeit einem modischen Globalismus, der eine abstrakte Einheitskunst fordert, die überall auf der Welt

---

42 ebd.

76 Wilhelm Busch: Werke. Historisch-kritische Gesamtausgabe, Bde. I-IV, Band 1, Hamburg 1959, S. 470-475.

in gleicher Struktur nach den gleichen Marktgesetzen konstruiert wird. Dem setzen wir eine weltoffene und zugleich lokal, regional sowie national geerdete und verwurzelte Kunst entgegen. Der Rhein als Landschaft und als Mythos, seine Menschen, ihre Geschichte und Kultur sind für uns ein zentrales Thema und ein geistiger Bezugsrahmen, was aber nichts mit Provinzialismus oder Lokal- und Hobbykunst zu tun hat. Dies wird schon daran deutlich, daß wir eine Kunst vertreten, die sich der ganzen Welt und allen Kulturen öffnet. Auch in der Zeitschrift bezieht sich nur rund ein Drittel thematisch auf den Rhein.

Wir streben weder eine durch die Fiktion eines Einheitsstils zusammengehaltene „Schule" noch eine Kollektiv-Maschinerie an, in der die Mit-Arbeiter nur die Marionetten der großen Steuermänner sind. Wir wollen, daß jeder einzelne Künstler auf seinem eigenen Weg seine persönliche Meisterschaft herausbildet und daß das KUNSTGEFLECHT offen bleibt für unterschiedliche Temperamente, Ansätze, Experimente. Beispielsweise folgte auf die Präsentation des deutsch-algerischen Malers Said Kahla (*1950), der mit figurativen Elementen und Anklängen an uralte Berberornamente weitgehend abstrakt gestaltet, in der nächsten Veranstaltung die des Brüsseler Malers Jean-Claude Coenegracht (*1948), der altmeisterliche Exaktheit mit surrealer Verfremdung verbindet und moderne Menschen als Widergänger der Renaissancegestalten zeigt[77]. Vielfalt statt Einfalt und Monotonie, produktive Auseinandersetzung statt risikofreier Gleichschaltung, das immer neue Abenteuer der unvorsehbaren und unberechenbaren Kunst – das ist unser Ziel.

---

44 Siehe „RHEIN!" Nr. 2, Oktober 2011, S. 82-88 und Nr. 3, März 2012, S. 89-92.

Literatur als Wettbewerb: Was man (auch als Nicht-Poet) von den Fehlern der Poeten lernen kann

Einst schrieb Schiller, das Leben sei nicht das höchste Gut. Eher ist die Kunst genau das: das Höchste im Leben und höher als das Leben. Ich weiß, diese Sichtweise ist eine antisoziale antiökonomische Träumerei, aber vielleicht erhalte ich mildernde Umstände, denn ich begann als Lyriker und bin seither ein unverbesserlicher Lyriker geblieben, habe mich also nicht nur der brotlosesten, sondern auch der unbedingtesten und vollkommenheitssüchtigsten der Wort-Künste verschrieben. Gleichwohl freue ich mich ganz naiv über jeden, der schreibt, wie ernsthaft und wie gut er dies auch immer tun mag. Jeder weiß: In der Malerei liegen Welten zwischen dem dilettierenden Anfänger und dem perfekten Sonntagsmaler Winston Churchill, zwischen Churchill einerseits und Emil Nolde oder Max Beckmann andererseits, aber sie alle eint die Begeisterung für Farben, Atmosphäre, Figuren. Ebenso ist die Literatur ein weites Feld - zwischen Gebrauchsgeschreibsel und formvollendeter Gestalt. Aber Form und Inhalt sind nicht das Thema dieses Artikels, sondern die Verpackung, die Werbung in eigener Sache. Meine kritischen Anmerkungen sollen weder schlechte Gedichte aufbessern, noch irgendwen vom Schreiben abschrecken, sondern im Gegenteil jeden dazu ermutigen, sich mit den eigenen Gedanken und Gefühlen ins Wettbewerbsgetümmel zu stürzen - und zwar möglichst ohne Handicaps, die einen schon auf den ersten Metern straucheln lassen. Meine Erfahrungen und Eindrücke gehen zurück auf Erlebnisse mit Einsendungen für einen großen Lyrik-Wettbewerb sowie für die bisherigen Ausgaben der Zeitschrift

„RHEIN!“, Zeitschrift für Worte, Bilder, Klang des Kunstvereins KUNSTGEFLECHT. Keines der Zitate ist erfunden - auch die allerschrägsten sind es nicht. Das Allermeiste läßt sich übertragen auf ähnliche Konstellationen.
Wie immer gibt es kein Rezept, wie man alles richtig macht, außer der Grundempfehlung *„Seien Sie Sie selbst, seien Sie persönlich, authentisch, glaubwürdig!“*. Andererseits lassen sich einige typische fatale Fehler ungewollter Anti-Werbung ausmachen, die man sich ersparen sollte.

Sehr sehr witzig sein

Ein sehr heikles Thema: Des einen Lachanfall ist des anderen Gähnattacke. Unfreiwillige Komik ist nur schön für den schadenfrohen Leser, nicht für den Verfasser: „Mit dem Schulabschluß endete das Würgen - und das Wirken begann.“ Jeder muß für sich entscheiden, ob die Jury wirklich von „Hessens mückenreichster Stadt“, der „Männerhochburg und Printenmetropole Aachen“ oder der „Dorfstadt Schwerte“ und der „Liebe zum Cappuccino“ lesen will oder lieber sachlich unterrichtet sein möchte, woher jemand stammt, wo er studiert hat und wie er heute lebt. Nur, wenn man es wirklich kann und richtig gut ist in Sachen Spaß und Satire und noch dazu genug Wagemut hat, sollte man sich auf dieses heikle Hochseil begeben. Aber dann sollten die literarischen Texte als Hauptgericht einhalten, was die biographische Vorspeise versprochen hat.

Auf der Schleimspur

Jeder Schreibende sollte zunächst einmal allen dankbar sein, die einen Wettbewerb veranstalten oder eine Zeitschrift herausgeben und die ihm so zumindest eine theoretische Chance des Erfolges geben. Aber das sollte nicht dazu verführen, sich einzuschmeicheln mit Sätzen wie „Ich möchte mich auf diesem Weg bedanken, daß Sie diesen Preis möglich machen und der Lyrik in unserer Gesellschaft damit einen Raum geben“. Auch „vergnügliche und spannende Lesestunden, natürlich mit entsprechendem Tiefgang“ denen zu wünschen, die sich ehrenamtlich und unvergütet durch Papierberge wühlen, wirkt ungewollt zynisch.

Das große Geheimnis

Frauen, aber nicht nur Frauen, verschweigen nur zu gern ihr Geburtsjahr. Angesichts eines in unserer vergreisenden Gesellschaft weiter grassierenden Jugendwahns und einer offenkundigen Altersdiskriminierung geschieht dies im übrigen nicht ohne gute Gründe. Andererseits ist es hilfreich, wenn man zumindest eine grobe Vorstellung bekommt, in welche Altersklasse jemand gehört. Das genaue Geburtsdatum hingegen ist allenfalls für Astrologiebegeisterte von Bedeutung. Es zu nennen, hat immer einen Beigeschmack von Pedanterie. Erst recht, wenn auch der Hochzeitstag oder das Jahr der Scheidung exakt mitgeteilt werden. Ein Zuviel an Perfektion (die edle Bewerbungsmappe, die exakt in den Briefkopf „eingeblendete“ Computer-Visitenkarte, ein kleines Photo auf jeder Gedichtseite usw.) führt jedenfalls dann nicht zum Erfolg, wenn im Kontrast dazu die Texte weniger vollkommen geraten sind.

Manus manum lavat

Eine Hand wäscht die andere - das wußten schon die alten Römer. Aber ob es deshalb sinnvoll ist, die eigene Mitgliedschaft in dieser oder jener Jury zu erwähnen - das ist doch sehr die

Frage. Es könnte gerade bei denjenigen Juroren, die selbst an Wettbewerben teilnehmen, als versuchter Wink mit dem Zaunpfahl („wie du mir, so ich dir“) sauer aufstoßen.

Details

Eigene Kinder sind (der Autor weiß es aus eigener Erfahrung) großartig – nicht immer, aber immerhin. Nur, sollte deshalb der Juror erfahren, ob jemand Kinder hat und wie viele und welchen Geschlechts und wann Ildiko geboren wurde? Oder daß eine Frau unverheiratet und katholisch ist? Oder daß man ein „Europäisches Abitur“ mit der Note 1,5 absolviert hat? Oder die verschiedenen Hobbys und das Interesse an Religion? Oder die Angaben, von wann bis wann welche Grundschule besucht wurde, seit wann man als Wertpapierhändler mit wechselndem Erfolg tätig ist, seit wann man sich - bislang erfolglos - an Wettbewerben beteiligt? Oder die Ausbildung als „Professional Babysitter“ und als „CR-Rebirther“? Oder die Liste von einem Dutzend Lesungsauftritten zwischen Volkshochschule und „Anno Tubac“?
Auch in der Bibliographie empfehle ich Raffung auf das Wesentliche hin. Das Gedicht im Lokalteil oder auf dem „Literarischen Klotürenplakat“, das Vertreten-Sein im „Kürschner“, die monatliche Kolumne für die „Hundewelt“ oder das „Südstadtmagazin“, die Androhungsüberschrift „13 Anthologien“ (alle einzeln aufgeführt, zum Teil mit ISBN und Monat des Erscheinens), 50 (in Worten: fünfzig) detailliert aufgezählte Anthologiebeiträge, Beiträge für Schreibwerkstätten, die „Teilnahme am Autorenwettbewerb des BDAT“ mögen für einen selbst von Bedeutung sein – den Beurteilern und dem eigenen Wettbewerbsbeitrag helfen sie nicht weiter. Noch weniger interessant ist es, was jemand noch

unveröffentlicht in der Schublade hortet oder daß er demnächst einen Mystery-Thriller für Erwachsene zu schreiben plant.
Auf der anderen Seite ist die schlichte Aussage „Veröffentlichungen in zahlreichen Anthologien, Printmedien, Rundfunk“ ohne jegliches WAS und WO allzu summarisch, ebenso der völlige Verzicht auf jeden Lebenslauf. Allenfalls Bestseller-Autoren und Nobelpreisträger können sich so präsentieren.

Zuviel

Sehr schnell wird es zuviel des Guten (Gutgemeinten), wenn eine(r) denkt, er/sie solle in Kurzfassung seine/ihre Grundmotivation und seine/ihre Poetik vorstellen (z. B. „Schreiben bedeutet für sie Spaß, Spannung und Abenteuer, im geschriebenen Wort finden Gefühle und Gedanken den Weg in die Wirklichkeit“; „ich möchte keine Fast-food-Literatur schreiben“). Hier gilt: Lieber nichts als etwas Dummes sagen. Zuviel sind auch vierseitige Bibliographien einschließlich aller Online-Romane und Bastei-Hefte, störende Zeilenzahlen am Rand, unverlangte Kennworte, Kennziffern oder Kontonummern. Auch vollfette Grammatikfehler („Beginn literarische**m** Schreibens“) nerven nur - Legastheniker und notorische Schlamper sollten jemanden kennen, der ihnen solche Fehler anstreicht.

Sanctus Bürokratikus

Vorsicht vor jenen Formulierungen, die dem Kanzleistil entstammen, etwa „später bis Eintritt in den Ruhestand im Vorzimmerdienst einer obersten Bundesbehörde“. Vorsicht auch vor zuviel abstrakter Nüchternheit, etwa bei Biographien in der dritten Person („wurde in B** geboren, wo sie Kindheit und

Schulzeit erlebte", „Näheres über die facettenreiche Künstlerin können Sie auf ihrer Homepage erfahren") oder vor einer Raster-Biographie, die spaltenweise den Zeitraum, die Tätigkeit und den Abschluß angibt oder den Familienstand und alle „Praktikaas" (Rechtschreibprüfung ausgeschaltet?) verrät. Überhaupt senden gerade etliche Jüngere Lebensläufe, die sich an das für das Arbeitsleben Übliche und an die Empfehlungen entsprechender Ratgeber anlehnen, inklusive vorhandener Fremdsprachenkenntnisse oder der freien Mitarbeit bei Radio Lora. Und die Jugendbewegten ergänzen dann noch um Neuigkeiten zu ihrem gesellschaftlichen Engagement als Klassensprecher, in der „Grünen Jugend" oder bei Attac.

Um Gottes und Goethes willen

Mit endlos vielen Hobbyautoren in der „Jokers"-Datenbank vereinigt zu sein - dieser Joker sticht nicht wirklich. „Vier Gedichte im Internet" zu haben, hilft auch nicht weiter, erst recht nicht, wenn man es als „Intenet" verballhornt hat. Geradezu selbstmörderisch sind die immer wieder anzutreffenden Triumphmeldungen, man habe es bis in die „Bibliothek deutschsprachiger Gedichte", die „Frankfurter Edition der Goethe-Gesellschaft" oder die „Frankfurter Bibliothek. Das neue Gedicht" geschafft. Auch der weltfernste Germanistikprofessor dürfte inzwischen wissen, daß es sich hier um die Plazierung der zehn-hoch-zehnten Reimerei in einer der Veröffentlichungsserien eines jener Absahnverlage handelt, die alles nur für Geld machen und für Geld alles machen. Auch das ist auf die Spitze zu treiben mit Informationen wie dieser: „2009 Auswahl für die Klassikerausgabe ‚Die besten Gedichte 2009/2010' der Frankfurter Verlagsgruppe Holding Aktiengesellschaft August von Goethe mit weltweiter Einstellung in die Bibliotheken Washington, Paris, Berlin, Wien und Bern“. Dann doch lieber das in „Frau und Herz“ abgedruckte Frühlingsgedicht anführen!

Beilagen

Allzuleicht passiert es (auch mir ist dieses Mißgeschick schon zugestoßen), daß man die Kopie einer Selbstvorstellung einpackt, in der man den zum Krimiwettbewerb eingesandten Kurzkrimi ausdrücklich als Anlage nennt - aber beigepackt sind ganz andere Texte. Also hier Vorsicht und noch einmal Vorsicht walten lassen und zugleich noch einmal alles kontrollieren auf dumme Fehler wie das Jahr „20010“.

Anpreisung

Erste Preise - man sollte sie nennen. Vielleicht dann nicht unbedingt, wenn es der Grägl-Preis der Gräfelfinger Gelegenheitsdichter ist. Zweite Preise - warum nicht, wenn selbst bei „Deutschland sucht den Suppenstar“ die Schnulzenindustrie sich um den Zweitplazierten reißt. Aber der vierte Preis in einem Kurzgeschichtenwettbewerb, die Endrundenteilnahme unter den letzten 42 in Meran und Ähnliches schaffen eher einen Mitleidseffekt, als würbe der 1. FC Köln damit, daß er nach dem soundsovielten Aufstieg in die Bundesliga erst nach zwei Jahren wieder einmal abgestiegen ist.
„Freier Autor“ sollte man sich nicht schon im Briefkopf titulieren, wenn die Bibliographie zeigt, daß man mit Honoraren nahe Null jedenfalls nicht vom Schreiben leben kann und man gleichzeitig diverse Tätigkeiten wie Marktverkäufer oder Kurierfahrer ausübt.
Empfiehlt es sich, sich selbst eine Empfehlung als „vielseitiger schöpferischer Mensch“ auszustellen, mehr als zwei Vornamen und mehr als einen Doktortitel anzuführen? Nicht umsonst

nannte Willy Brandt in seinen Wahlreden seinen Konkurrenten Rainer Candidus Barzel immer den „Herrn Dr. Barzel“, um ihn so als abgehoben und volksfern abzustempeln. Fragwürdig ist es auch, Wissenschaftspreise aus der Adipositasbekämpfung, den Vorsitz in Facharztgremien oder wissenschaftliche Monographien anzuführen, als seien sie erheblich für die literarische Qualität. Der Literarisches einsendende Musiker, der einen „Europäischen Kulturpreis“ erhalten hat, sollte ihn entweder nicht erwähnen oder deutlich hinzusetzen, daß er ihm für musikalische und nicht für literarische Leistungen verliehen wurde.
Noch heikler wird es, wenn jemand per Photo seine äußeren Vorzüge sprechen läßt. Der machohafte Gigolo oder gigolohafte Macho, die attraktive Frau mit dem träumerischen Blick, ein wenig Dekolleté zeigend, den Kopf auf ein Kissen gelegt – all das hat seinen Platz bei ElitePartners oder notfalls auch bei www.seitensprung.de. Menschen, die eine gute Zeitschrift oder einen gelungenen Literaturwettbewerb zum Ziel haben, wird es - zumindest in ihrer sozusagen amtlichen Funktion - kalt lassen.

Mein Leben als Kurzroman

Es ist pittoresk, es bewegt emotional, es liefert dem Leser womöglich literarisches Material, wenn Bewerber in wenigen Zeilen drei Viertel ihres Lebens und hundert Prozent ihrer Weltsicht ausbreiten, ihren Kampf mit dem Sozialamt weltpolitisch einordnen und mitteilen, daß sie das Land retten wollten, es ihnen aber niemand gedankt hat und sie weder einen Verlag noch Sponsoren finden. Nur - was bringt es den potentiellen Gewinnern, wenn sie sich als „aus ganz einfachen Verhältnissen“ stammende Winzertochter, als „Sohn eines Landarztes“ oder als „momentan ohne festen Arbeitgeber“ und „von Liebe und Luft“ lebend outen oder wenn sie angeben, in welchem Alter sie „das brutale Elternhaus“ verließen und in schwere Depressionen gerieten. Warum sollte eine Frau erstens verraten, daß sie „damals nur Liebesbeziehungen mit jüdischen Männern eingegangen“ ist und zweitens offenbaren, warum sie dies tat, nämlich „zur Wiedergutmachung“? Müssen Juroren erfahren, daß es „Differenzen mit dem Lehrinstitut für Schule und Ausbildung“ gab? Sollen sie eine 12 cm hohe Unterschrift eines Bewerbers graphologisch ausdeuten, der frohgemut erklärt, er „gehe davon aus“, daß man ihn „mit diesen Werken“ berücksichtigen werde? Was sollen sie anfangen mit folgendem „Biogramm“: „Verschiedene Versuche, ein normales Leben zu führen, zuletzt als Archivar und Familienvater, leider alles gescheitert“ - noch dazu, wenn auch die beigefügten Gedichte glorreich gescheitert sind?

Das Fazit aus all dem: Nicht nur das Leben ist lebensgefährlich, sondern auch der Sprung in die literarische Arena. Wer allzuviel Angst hat, der sollte im stillen Winkel der beschützten Schreibwerkstätten und der schützenden Komplettanonymität verbleiben. Wer das Risiko nicht scheut, der hat immerhin die Chance, aus seinem unvermeidlichen gelegentlichen Scheitern zu lernen, nach den Tiefschlägen und der Packung voll aufs Maul wieder aufzustehen und irgendwann mehr zu sein als der ewige Verlierer oder der ständige zweite Sieger.

Ein Überlebender, unverschämt -

Autobiographie von Hubert Bjarsch

Ein Autor, den die meisten nicht einmal dem Namen nach kennen, schreibt über sein nicht besonders spektakuläres Leben. Muß man das veröffentlichen, muß man das lesen? In diesem Fall muß man es. Denn hier ist ganz im Verborgenen ein Buch auf den Markt gekommen, das in faszinierender Weise die letzten beiden Drittel des vorigen Jahrhunderts widerspiegelt - aus der Perspektive eines exzellenten Beobachters ohne Prominenz und ohne Zugang zu den Machtzirkeln. Wie es Carl Ludwig Schleich oder Wilhelm von Kügelgen in ihren klassischen Selbstdarstellungen gelungen war, die Stimmungen und Triebkräfte einer ganzen Epoche zu verdichten, ohne selbst zu den Gestaltern und Leitgestalten zu gehören, so vermag auch der 1935 in Bautzen (Lausitz) geborene, dort und in Naumburg aufgewachsene und heute als Pensionär in Berlin lebende Neurologe, Psychiater und Psychotherapeut Hubert Bjarsch mit Überlieferungen und eigenem Eindrücken aus sieben Lebensjahrzehnten den Leser zu fesseln. Menschen, Bilder und Zeiten tauchen vor dem geistigen Auge klar umrissen auf und zugleich gewinnt man Erkenntnisse über das WIE und WARUM des historischen Prozesses. Kennzeichnend für die deutsche Verlagsmalaise ist, daß dieser Band nicht in einem der großen Publikumsverlage erschien, sondern bei Frieling, einschlägig bekannt als Bezahlverlag mit einem unüberschaubaren Mammutprogramm aus einzelnen Perlen und reichlich Talmi. Immerhin - das Werk ist heraus aus der privaten Schublade, und seine äußere Gestaltung ist professionell und gelungen.

Der Untertitel verspricht „Eine heiße Geschichte“ - und das ist nicht zuviel gesagt. Hubert Bjarsch, der in den achtziger Jahren die Geschichte der Westberliner Grünen mitgeprägt hat und 1984/85 deren Landesvorsitzender war, beginnt schon bei seiner Widmung mit einem deutlichen Signal des Widerstands gegen die dummliberalen bis dumpflinken Konventionen: „Gewidmet meinem gefallenen Vater und all den anderen, die sich nicht mehr wehren können - um ihr Leben betrogen, grausam verheizt und dann auch noch pauschal geschmäht von einer arroganten Nachwelt“. Das erste Kapitel, betitelt „Frieden“, springt mitten hinein in die „irre Zeit“ des zwanzigsten Säkulums, beginnt mit Geburt und Tod - Zwillinge kommen zur Welt, aber schon drei Tage später ist der eine tot und der kleine Hubert auf Dauer Einzelkind. Die Lebenswelt des unteren Bürgertums in den dreißiger Jahren (der Vater ist Lehrer, anfangs lebt man sogar noch zur Untermiete) schildert der Autor kritisch, liebevoll und präzise - mit plastischem Blick für die persönlichen Besonderheiten (die sorbischen Familieneinflüsse, die Spiele und Kämpfe der Kinder, der Soldatentod des Vaters 1943 in Bosnien usw.) wie für die großen Linien („Faschismus pur“ seitens einiger sadistischer Lehrer, der heraufziehende Weltkrieg, die Vorahnungen eines bösen Endes, die Luftangriffe, die „Hamsterfahrten“, der Einmarsch der Sieger).

Großartig ist es, wie die große Welt draußen und die kleine Welt eines Kindes miteinander konfrontiert wird. 1945 erscheint dem Zehnjährigen ganz und gar nicht als Katastrophe: „Sonne! Sonne! Sonne! Nur selten mal eine kurze Unterbrechung mit Wolkenbruch, Hitzegewitter. Von April bis September wölbte sich fast durchgehend ein vergißmeinnichtblauer Himmel über dem Land an der Saale. Dieser Sommer 1945, der in der Zeit nach rückwärts und nach vorwärts seine Kalendergrenzen sprengte, das war in Naumburg ein Sommer, der so gewaltig war und so sagenhaft strahlend hell wie kein anderer je zuvor oder danach in meinem Erleben! Und wir konnten uns tummeln in diesem Sommer, ungehemmt tagein tagaus – in einem Meer von Zeit! Superferien! Und die vielen Freunde! Das herrliche Bandenleben! Jeden Tag neue Abenteuer! Ich war glücklich. ... Wir alle waren glücklich im gelebten Augenblick. Wir ahnten nicht, daß anderenorts im Lande unvorstellbares Leid herrschte in diesem schrecklichsten Jahr, das Deutschland in den Jahrhunderten seiner Geschichte je erleben mußte!" (S. 95 f.) Bald schon aber beginnen die kindlichen Illusionen sich aufzulösen: Von einer aus dem russisch besetzten Bautzen geflüchteten Tante erfährt der Junge von Vergewaltigungen und Repressionen.

In seinen Urteilen über das Kriegsende und die Zeit danach zeigt sich die nüchterne Wahrhaftigkeit des Autors: Er beschreibt, wie erleichtert die meisten seiner Landsleute sind, daß der Krieg vorbei ist und wie gleichzeitig viele von ihnen in hemmungslosem Opportunismus nach Heraustrennen des Hakenkreuz-Aufnähers schleunigst rote Fahnen hissen und sich den Siegern als Hilfspolizisten andienen. Er arbeitet heraus, wie große Teile der deutschen Bevölkerung zwar das den Juden angetane Unrecht mißbilligend zur Kenntnis nahmen, aber weder Widerstand leisteten, noch die massenhaften Judenmorde in den KZs für möglich hielten. Andererseits hält der Autor für die Nachkriegszeit fest: „Man hörte nur sehr ungern von deutschen Verbrechen und jeder wünschte sich, es hätte sie nie gegeben. Dennoch erlangten die deutschen Normalbürger durchaus keine wirkliche Meisterschaft im Verdrängen. Die unüberbotene Spitzenleistung im Verdrängen, Verdrehen, Vertuschen und Leugnen lieferten die neuen Machthaber – die Sowjets mit ihrem deutschen Hilfspersonal also." (S. 131) Zwar verhalten sich jene Russen, die nach dem Abzug der Amerikaner Naumburg übernehmen, weitgehend friedlich, aber von der in der russischen Propaganda behaupteten Befreiung kann keine Rede sein. Andererseits verschweigt Hubert Bjarsch nicht seinen Abscheu gegenüber den Kriegsverbrechen der Westmächte und schlägt den Bogen von den Luftangriffen auf Dresden 1945 zu denen auf Hanoi und Haiphong 1972.

Passend zu dem „irren Jahrhundert" weist auch das Leben von Hubert Bjarsch irrwitzige Wechselbäder auf: So ist er im September 1953 „Dienstag Hilfsarbeiter, Mittwoch Lehrer, Donnerstag Schüler". Weil ihm nach dem Abitur aus politischen Gründen das Studium verweigert wird, schaufelt er Getreide, erfährt davon, daß Dorflehrer ganz ohne Studium eingestellt werden, besorgt sich eine solche Stelle, die er im Austausch gegen einen Studienplatz an einen Schulfreund weiterreichen will und geht, als dieser Studienplatz in Ost-Berlin sich für einen politisch Vorbelasteten als unerreichbar erweist, kurzentschlossen in den Westen und absolviert dort erst einmal für das West-Abitur die dreizehnte Klasse. Ganz wunderbar sind seine Erzählungen über Feste und Exzesse, über Rausch und Folgeerscheinungen - hart und präzise, mit viel (Hinter)Sinn für Symbolik und Situationskomik. Ganz exzellent auch die Beschreibungen des Westberliner Studentenlebens in den angeblich so spießigen fünfziger Jahren, sehr nachvollziehbar seine Distanz gegenüber den rosaroten Parolen und der blauäugigen politischen Blindheit der Berliner 68er-Szene wie gegenüber den tragikomischen antideutschen Selbsthassern der späten achtziger Jahre. Am Ende steht sein Fazit, daß das schlimme, bis zum Ende mörderische zwanzigste Jahrhundert doch „mein eigenes Jahrhundert gewesen" ist, daß es „allem zum Trotz ... schön war."

Hubert Bjarsch *Ein Überlebender, unverschämt. Eine heisse Geschichte,* Frieling-Verlag Berlin 2006, 272 Seiten.

Mensch in der Revolte -

Eine überfällige Neuentdeckung:

Paulus Buschers *Das Stigma*

Es ist ein Vierteljahrhundert her, daß dieses Buch herauskam. Paulus Buschers *Das Stigma: Edelweiß-Pirat* erschien 1988 im Verlag Siegfried Bublies. 25 Jahre danach ist es immer noch für die meisten eine Terra incognita - vollkommen zu Unrecht. Schon allein deshalb, weil dieses Buch eines Bündischen, der Verfolgung und Krieg überlebt hat, geschichtliche Lebenszeugnisse dokumentiert und sammelt.

Aber Buscher, Jahrgang 1928, ist mehr als ein natursehnsüchtiger Wanderer zwischen den Welten mit Edelweiß und fünfzackigem Stern: Er ist Künstler, Kamerad, Liebender, scharfer Beobachter, politisch Handelnder und Opfer der politischen Selbstversorger, Glaubender und Zweifelnder, Friedenskämpfer und Streiterreger. In keinem Buch ist tiefer und präziser ausgedrückt, was den Nationalsozialismus und den Widerstand gegen ihn ausmachte, wie kompliziert und kleinteilig die Fronten verliefen und sich veränderten. Zugleich ist *Das Stigma* weit über den autobiographischen und historiographischen Rahmen hinaus ein Epos des Menschen in der Revolte - nur vergleichbar mit Werken wie Hans Henny Jahnns *Das Holzschiff* oder mit Anna Seghers *Das siebte Kreuz*.

Buschers Buch hat Weite und Widersprüche, aber zugleich eine strenge Form. Es ist gegliedert in 175 Passagen, die der Autor „Stücke" nennt. Sie folgen keiner simplen Chronologie, aber einer inneren Systematik und sind deshalb alles andere als zerstückt und ins Beliebige zerlaufend. Jahreszahlen am Rande erleichtern dem flüchtigen Leser die Orientierung, aber wer den roten Fäden aufmerksam folgt, benötigt sie nicht, um zu erfassen, welche historische Stunde gerade aufgerufen wird. Aus den autobiographischen Erzählungen formt sich ein Roman, ein moderner Roman auf der Höhe der Zeit, der welthaltigen Kunst (nicht dem marktgängigen Schund weltflüchtiger Kitschexperimente) angemessen.

Ein ungeheurer Mut zeichnet diesen Wort-Künstler aus, der alles richtig macht, weil er scheinbar alles falsch macht: Er schreibt einen nicht als Roman gekennzeichneten Roman, der prall gefüllt ist mit Tatsachen wie mit philosophischen Überlegungen und poetischen Arabesken. Er nimmt vielfältige Elemente hinein wie ein Collageur in ein Material-Bild: Zitate aus Texten von Walt Whitman bis Eberhard Koebel (tusk), Fahrtenlieder mit Noten, photographische Dokumente, dazu noch exakte Angaben in einem Anmerkungsteil, der geradezu wissenschaftlich-pädagogisch wirkt.

Denkfaule Schnell-Leser und Soforturteiler werden an diesem Buch keine Freude haben. Diejenigen, die alles nach Schema in separate Schubladen einsortieren wollen, können hier nur verzweifeln. Da ist ein Autor, der als Sohn

eines SS-Mannes gegen den Vater kämpft und ihn doch zu verstehen sucht, der mit Zuneigung von Freikorps- und Rotfrontkämpfern spricht, selbst zum bald schon dissidentischen Kommunisten wird und sich weiterhin ehrfürchtig auch vor den nationalrevolutionären Wanderern ins Nichts wie Albert Leo Schlageter verneigt.
Rechte Hohlköpfe, strukturkonservative Musealfanatiker und die Antifanten-Menagerie der linken Wanderzirkusse werden dieses Buch entweder verabscheuen oder sich allenfalls ein paar ihnen passende Zitate ausborgen. Es ist ein Buch für freie Geister, für autonom Denkende unter den wenigen Oppositionellen, denen Erkenntnis, Selbstbeherrschung und Freiheitswille über alles gehen.
Paulus Buscher starb 2011 in Koblenz. Wie gern möchte man ihn fragen, ob die letzten Worte des „Stigmas", die aus dem „Baikal-Lied" stammen, sein letztes Wort an die Nachgeborenen sind: „Rettung, sie muß mir gelingen!"

Paulus Buscher *Das Stigma*. Bublies Verlag, Schnellbach 1988, gebunden, 416 Seiten.

Thea Dorn und Richard Wagner

Die deutsche Seele

Angesichts all der - zum Glück - seltener gewordenen Versuche, die deutsche Geschichte und Kultur als Hort negativer Kräfte zu beschreiben, atmet der Leser dieses Buches schon auf den ersten Seiten auf: Hier wird nicht ein weiteres Schreckensbild des Deutschseins gezeichnet, sondern Dorn und Wagner beklagen, wie Deutschland sich „herunterwirtschaftet" und „sein Gedächtnis verliert", obwohl gleichzeitig „ein wachsendes Deutschland-sehnen" zu verspüren ist (S. 7).

Deutlich wird, daß sie der Zurückgewinnung eines Bewußtseins der Deutschen für das Eigene den Vorrang geben vor einer selbstvergessen-blinden Anbetung alles Fremden. Sie beschreiben, woher wir kommen, was Deutschlands Erbe ausmacht und was davon in die Gegenwart fortwirkt und geben mit dieser geistigen Rückbindung Orientierung zur Zukunftsgestaltung. Dazu ziehen sie Zentralbegriffe von „Abendbrot" bis „Zerrissenheit" heran, denen alphabetisch geordnete, mit Querverweisen und Verfasserangabe versehene Essays gewidmet werden.

Thea Dorn (*1970 in Offenbach) und Richard Wagner (*1952 in Lovrin/Rumänien) unterscheiden sich in Alter, Herkunft, literarischer Methodik, aber gerade diese Differenzen machen einen Reiz des Buches aus. Wie bei einer Gesamtdarstellung kaum zu vermeiden, fehlen manche Themen und finden sich Artikel wie „Dauerwelle" oder „Wurst", die zwar unterhaltsam sind, aber wenig Klärendes beitragen. Ärgerlich sind zudem kleine Fehler wie der, aus dem Sattlergesellen Friedrich Ebert einen Buchdrucker zu machen (S. 83). Entschädigt wird der Leser durch exzellente Darstellungen etwa zur „Arbeitswut“ von Thea Dorn oder zur „Heimat“ von Richard Wagner. Manches dürfte auch deshalb fehlen, weil die Autoren sich nicht noch weiter in von den Hütern der *Political Correctness* vermintes Gelände vorwagen mochten. So verzichten Dorn und Wagner etwa auf das Stichwort „Vertreibung“ und damit auf das zentrale nationale Trauma, daß Millionen Deutsche aus den Ostgebieten und den meisten deutschen Siedlungsinseln in Ost- und Südosteuropa ihrer Heimat oder sogar des Lebens beraubt wurden.

Unbeschadet dieser Mängel haben wir es hier mit einem Realien- und Hausbuch für die Familie und für mehrere Generationen zu tun, dem man nur die weiteste Verbreitung wünschen kann.

Thea Dorn und Richard Wagner *Die deutsche Seele*, Albrecht Knaus Verlag, München 2011, 560 Seiten.

Jüdisches Überleben –

Beitz, Schindler und zwei Schwestern

Die letzten verfolgten Juden und diejenigen, die ihnen damals halfen, sterben. Um so mehr muß unser Gedenken sich auf Zeugnisse aus erster Hand stützen und auf jene Jüngeren, die die Überlebenden angehört haben. Der emeritierte Freiburger Philosophieprofessor Reinhard Hesse, ein bedeutender Ethiker und auch ein kosmopolitischer Weltenbummler, war über Jahrzehnte mit den Schwestern Hilde Berger-Olsen (1914-2011) und Rose B. Reetz (1918-2005) befreundet. In Gesprächen, Dokumenten und Erinnerungen läßt er ihre Lebensgeschichte sowie die ihrer ermordeten Angehörigen und ihrer politisch aktiven Ehemänner sichtbar werden. Hilde Berger-Olsen arbeitete als Sekretärin von Berthold Beitz und später für Oskar Schindler. Sie war zuständig für jene Liste, dank der 1200 Juden zum Teil sogar die Zwischenstation Auschwitz überlebten. Berthold Beitz schrieb in dem persönlich gehaltenen Vorwort kurz vor seinem Tode: „Hilde Berger und ich waren noch in unseren 20ern, als wir in Boryslaw die wahrscheinlich dramatischste, prägendste und schwierigste Zeit unseres Lebens durchmachten. Sie als jüdische Gefangene - auch als meine zweite Sekretärin immer vom Tode bedroht. Ich als jugendlicher Chef der kriegswichtigen ›Karpaten-Ölgesellschaft‹ mit Tausenden von Beschäftigten - immer gezwungen, mit den damaligen Machthabern zurechtzukommen." Zu den Themen des Buches gehören der Konflikt zwischen orthodoxem Judentum und Zionismus, die politische Radikalisierung am Anfang der dreißiger Jahre, die Stalin-Trotzki-Kontroverse, der Widerstand gegen den NS-Terror, der Antisemitismus in

Deutschland und Polen, der Neubeginn im amerikanischen Exil. Zahlreiche Einzelheiten (Ladenplünderungen der Jungkommunisten Anfang der dreißiger Jahre und ihr Haß auf zur Freude der Gestapo namentlich angeprangerte „Trotzkisten-schweine"; das „harte und trostlose" Leben im 1939 sowjetisch gewordenen Boryslaw, die konkrete Entwicklung der Judenverfolgung in Polen seit 1939 usw.; Begegnungen u. a. mit dem französischen Sozialistenführer Léon Blum, dem 1942 ermordeten polnischen Dichter und Zeichner Bruno Schulz und dem Dichter Oskar Maria Graf) geben diesem faszinierenden Zeitbild Kontur und Tiefe.

Reinhard Hesse (Hg.) *Ich schrieb mich selbst auf Schindlers Liste. Die Geschichte von Hilde und Rose Berger*, Geleitwort von Berthold Beitz, Psychosozial-Verlag, Gießen 2013, 224 Seiten.

Herbert-Werner Mühlroth

Tod des Meisters

Herbert-Werner Mühlroth, 1963 im rumänischen Hatzfeld nahe der serbischen Grenze geboren, nach einer abenteuerlichen Flucht, die er in *Eine Eisenbahn in meinem Traum* (Berlin 2014) beschrieben hat, seit 1982 in Deutschland lebend, legt mit *Tod des Meisters* einen Prosaband vor, der zwischen Südamerika und Berlin, zwischen surrealen Sprachexperimenten (*Indien*) und Alltagssatiren (*Montags nicht zuverlässig, Der Hausmeister*) einen Fächer unterschiedlichster Inhalte und Formen ausbreitet. Immer aber geht es um Sprache als Ausdrucks- und Austauschmittel zwischen den Menschen. Insofern ist es nur folgerichtig, wenn der Band mit zwei Erzählungen beginnt, die um Briefe kreisen: zunächst Briefe zwischen zwei Liebenden, deren Liebe ein Ende findet, dann ein Brief, in dem ein Schauspieler, den Tod des „Meisters", seines großen Bühnenvorbilds, zu bewältigen versucht. Wie in fast allen Erzählungen Mühlroths spürt man hier hinter den handgreiflichen Realien den Verweis auf andere, ungreifbare Wirkzusammenhänge. Gespenstisches mit deutlicher Kritik an kapitalistischer Geldgier wie in *Das Phantom* ist konfrontiert mit einer exzellenten Widerspiegelung realsozialistischer Miseren in *Der Gesundheitsinspektor*, sehr persönlicher Erinnerung an die eigene Großmutter in *Es ist nicht vergeudet* und einer Zuspitzung von Lebenskrisen in *Die Entscheidung*. In *Die Versuchung des Priesters Juan Alvarez* gelingt dem Autor die packende Beschreibung eines gesellschaftlichen Konflikts im Spannungsfeld zwischen Staat, Kirche, Medien und Kriminellen, ohne daß die Beteiligten zu bloßen Schemen von Gut und Böse werden. Faszinierend ist auch, wie Mühlroth Elemente des Märchenhaften und der Alpträume verbindet in Parabeln wie *Geschichte des Untiers* und *Die Maske*. Auch wenn manche Texte noch Elemente experimentierenden Suchens aufweisen und gelegentlich der korrigierende Rotstift hilfreich gewesen wäre - dieses Buch lohnt die Lektüre und läßt erwarten, daß der Autor seine Geschichten nicht mit dem *Tod des Meisters* enden läßt.

Herbert-Werner Mühlroth *Tod des Meisters*, Edition Bärenklau/ Lit*Art*-World, Bärenklau (Brandenburg) 2016, 176 Seiten.

Die andere Form des Kolonialismus -

Arundhati Roy

klagt die Arroganz der westlichen Welt an

Arundhati Roy hat mit *Der Gott der kleinen Dinge* Indien und der Welt den vielleicht beeindruckendsten Erstlingsroman der letzten Jahre und eines der faszinierendsten Bücher über die Verwobenheit von Geschichte und Gegenwart, Schuld der Eltern und Leiden der Enkel, Lebensanfang und Erwachsenwerden geschenkt.
Schon dieser Welterfolg war alles andere als unkritisch gegenüber einer im buchstäblichsten Sinne mörderischen Wirklichkeit; er war zwar zunächst einmal ein Roman über Indien und Inder, aber zugleich erhob die Autorin eine ebenso gefühlsmächtige wie analytische Anklage gegen westliche Arroganz und Ignoranz. Auch ihr neuer Essayband *Die Politik der Macht* beginnt mit einem Aufsatz, der eine lokale Geschichte erzählt - die des Narmada-Stauprojektes und der dadurch ausgelösten Widerstands-bewegung. Aber auch hier wird bereits von der Globalisierung, dieser „anderen Form der Kolonialherrschaft, ferngesteuert und digital ausgeübt" gesprochen - und damit von den weltumspannenden Machenschaften der großen Industrieländer, von der Verflechtung der westlichen Staudamm-Mafia mit der korrupt-egoistischen herrschenden Kaste Indiens.
Wer an den Schlaf der Welt rührt, darf weder allgemeine Zustimmung erwarten, noch Ruhe für den Rest seines Lebens. Auch Arundhati Roy, vor kurzem noch als Ikone indischer nationaler Größe verehrt, macht diese Erfahrung. Kaum hatte sie jenen

Konsens verlassen, den die Mächtigen ebenso wie ihre macht- und charakterlosen Gefolgsleute verbissen verteidigen, da wird sie ins Gefängnis geworfen und mit Schlimmerem bedroht. Und auch hierzulande geben diejenigen sie zum Abschuß frei, die unter Solidarität mit den Amerikanern die bedingungslose Unterwerfung unter die Befehle der US-Regierung verstehen. Hannes Stein etwa wirft ihr in seiner Besprechung von „Die Politik der Macht" (*Die Welt*, 2. März 2002) vor: „Arundhati Roy lügt." Dies sagt jemand, der uns an gleicher Stelle vorschwindelt, die Autorin hasse „die Amerikaner so sehr" und der dummfrech behauptet, im *Gott der kleinen Dinge* gäbe es nur böse Mächtige und gute Machtlose, aber keine einzige ambivalente Figur.

Und Chacko? Und Vellya Paapen? Nein, Arundhati Roy lügt nicht. Niemand ist ganz frei von Irrtümern und Fehleinschätzungen, auch und erst recht kein Schriftsteller. Aber in aller Regel übertreibt die Autorin weder, noch verfällt sie in einseitig-einäugige Betrachtungsweisen. Sie ist keine hysterisch-paranoide Agitatorin, wie Hannes Stein mit dem fettgedruckten Etikett „eine ganz furiose Lady" uns glauben machen will. Man nehme nur einmal, wie vorsichtig sie die niemals staatlicherseits berechnete Zahl der durch Staudammbau Vertriebenen in Indien schätzt, wie differenziert und gerecht sie zwischen Volk und Regierung der USA unterscheidet. Auch hier fallen die Verleumdungen auf die Verleumder zurück, die natürlich nicht begeistert sind, wenn Arundhati Roy die dubiose bis desaströse Rolle der etablierten westlichen Medien im globalen Propagandafeldzug der USA geißelt.

Was die Nachbeter amerikanischer Allmacht im Gefolge großkapitalistischer Sonnenkönige an dieser Frau so empört, ist, daß sie rücksichtslos die auf Maximalprofit und Naturzerstörung aufgebaute „neue Weltordnung" der Globalisierung analysiert und attackiert, daß sie sich eindeutig auf die Seite der „Milliarden Ausgeschlossenen“ schlägt, wie John Berger die Globalisierungsverlierer in seinem Vorwort nennt. Wenn Roy von der Notwendigkeit einer „Demontage des Großen“ spricht und zugleich am Beispiel der Staudämme aufweist, daß nur kleine, überschaubare Projekte mit demokratischen Zielen und ökologischen Erfordernissen vereinbar sind, so nimmt sie ein Leitmotiv ihres Romans wieder auf: die kurzfristige machtpolitische Unterlegenheit und langfristige moralisch-spirituelle Überlegenheit der einfachen Menschen, der Armen und Unterdrückten.

Arundhati Roy weiß, daß der Kampf für Menschenrechte und Freiheit letzten Endes im Weltmaßstab ausgetragen werden muß - und zwar gegen diejenigen, die mit den Atomwaffen einen Krieg gegen den ganzen Planeten und gegen die Naturelemente zu beginnen drohen. Den Protest nennt sie „das Einzige, was wirklich globalisiert werden sollte“. Der weiterhin und mehr als je zuvor mögliche Dritte Weltkrieg wäre zugleich ein Dritte-Welt-Krieg, bei dem die Erste Welt auf militärischem Gebiet ihren Export negativster Dinge (Giftmüll, im Westen verbotene Pestizide, Rüstungsgüter) in die südliche Hemisphäre fortsetzt und sie dort eskalieren läßt.

Als „Regel Nummer eins“ für die eigene Arbeit betrachtet die Autorin: „Es gibt keine Regeln“. Voll ernster Ironie erklärt sie sich selbst als „unabhängige mobile Republik“. Diese radikale Unabhängigkeit - „Ich bin eine Erdenbürgerin. Ich besitze kein Land und habe keine Fahne“ - mag man als illusionär und unpolitisch kritisieren, aber man sollte eine solche Haltung der Parteinahme für die Menschen und gegen die Parteien, Koalitionen oder Staatsverbände in ihrer Unbedingtheit und Unbestechlichkeit respektieren. Arundhati Roy ist gerade deshalb zur Stimme eines anderen, besseren Indien geworden, weil sie sich dem nationalistischen Taumel versagt hat, weil sie, die der uralten Minderheit der syrischen Christen (Malabar-,

Thomaschristen) entstammt, weder blind den „American & European Way of Life" anbetet, noch die gesamte westliche Kultur in Bausch und Bogen verdammt. Wenn sie an „Kolonialismus, Apartheid, Sklaverei, ethnische Säuberungen, biologische Kriegsführung, chemische Waffen" erinnert und daran, daß vom Westen „Nationen ausgeplündert, Kulturen ausgelöscht, ganze Völker ausgerottet" wurden, wenn sie die amerikanischen Machtinhaber als Rumpelstilzchen oder „König Rumpel" verspottet, dessen Reich das Kapital und dessen Eroberungen die aufstrebenden Märkte sind, macht sie sich natürlich hierzulande so manchen Feind. Erst recht, wenn sie daran erinnert, wie die USA immer wieder Diktatoren und Terroristen großgezogen haben - etwa die afghanischen „Freiheitskämpfer" à la Hekmatyar oder Bin Laden, die allerdings dann später ihrem einstigen Kumpan und Förderer gegenüber Gehorsam und Dankbarkeit vermissen ließen. Sie beschreibt detailliert die amerikanischen Ölinteressen in Afghanistan und die einstige enge Kooperation mit den Taliban, dieser Schöpfung des pakistanischen Geheimdienstes ISI. Völlig zu Recht stellt sie fest, daß der Terrorismus als Symptom einer Krankheit bekämpft werden muß, deren weltweite Überwindung an erster Stelle stehen sollte.

Gegen die imaginär-papierenen Scheinwerte der Waren- und Finanzwelt verteidigt Arundhati Roy die wahren Werte des menschlichen Lebens - Güte, Schönheit, Wahrhaftigkeit, innere Größe. Sie wehrt sich gegen alle Versuche des großen weltumspannenden Kapitals, die Naturressourcen ebenso wie die Politik zu privatisieren und möglichst sogar „das Leben und den Reproduktionsprozeß" unter Kontrolle zu bekommen. Sie denunziert die verkommenen „Eliten" der Dritten Welt, die von den Multis Korruptionsgelder einstreichen und dafür ihre eigenen Länder zerstören. Sie entlarvt die Verflochtenheit zwischen dem liberalsozial-konservativ-sozialistischen

Establishment Indiens (Kongreßpartei und andere) und den chauvinistischen Ultras der BJP: „Während der eine Arm den stückweisen Ausverkauf der Nation betreibt, dirigiert der andere Arm zur Ablenkung einen heulenden Gesang in den wildesten nationalen Tönen. (...) Nationaler Ausverkauf und kultureller Nationalismus sind siamesische Zwillinge."
Zwei der sieben Aufsätze des Buches stammen aus dem 1999 auf deutsch erschienenen Band „Das Ende der Illusion. Politische Einmischungen" zwei waren bereits im vergangenen Herbst in der deutschen Presse - in der „FAZ" bzw. im „Spiegel" - zu lesen. Allen Texten gemeinsam ist: Sie lohnen eine intensive Lektüre, die über den oberflächlichen Häppchen-Konsum des üblichen Zeitungslesers hinausgeht. Sie lassen uns tiefer blicken als der Schlagzeilen-Journalismus, weil sie gedanklich und gestalterisch zu einer Literatur gehören, die im besten und tiefsten Sinne Welt-Literatur ist.

Arundhati Roy *Die Politik der Macht,* BTB-Verlag, München 2002, 313 Seiten.

SAIDs *parlando mit le phung* –

ein Meisterwerk

Von jenen Büchern, die dieses Jahrzehnt und vielleicht sogar dieses Jahrhundert überleben, dürften die meisten in kleinen Verlagen auf schlechtem Papier, im dunklen Winkel der armen Poeten, erschienen sein. Aber es gibt Ausnahmen. Im Göttinger Steidl-Verlag, diesem tatkräftigen Gegenmodell zu den Medienkonzernen mit Buchannex, erscheint mit *parlando mit le phung* ein von Sarah Winter ebenso schlicht wie schön gestaltetes Buch, das ohne jede Konzession an modische Avantgarde-Mätzchen in Inhalt und Form exzellent ist. Dieses Werk eines in Teheran geborenen deutschen Poeten hat ein von Millionen Menschen erlebtes Thema: Das ebenso endgültige wie unbegreifliche Fortgehen der Geliebten. Gerade solche Gegenstände gehören zu den allerschwierigsten Herausforderungen, denn hier lauern Banalität und Kitsch. Was SAID daraus macht, ist ein furioses Kunst-Stück: Der verlassene Dichter spricht mit einem Fisch, dem seine Geliebte den Namen *le phung* gegeben hat. In acht Kapiteln lyrischer Prosa ist dieser Monolog eine Beichte, ein Rekapitulationsversuch der vergangenen Zeit und des Verlustes, aber auch ein Zwiegespräch mit der Verschwundenen. Gegangen ist sie unter Tränen und mit einer Erklärung, die alles und nichts verständlich macht: „ich brauche meine freiheit, sonst gehe ich ein". Die Hoffnung, sie werde zurückkehren, erfüllt sich nicht. Bei ihrer einzigen Begegnung Monate später geht sie schnell vorbei und sagt lediglich „grüß dich" – „so grüßt man vielleicht den gemüsehändler."

Dieser poetische Rückblick des gegen alle Hoffnungslosigkeit hoffnungsvoll Liebenden ist voller erotischer Begeisterung und stummer Verzweiflung. Im sich seiner selbst vergewissernden poetischen Gespräch mit dem schweigenden Fisch - zuerst mit dem lebenden im Teich, dann mit dem toten und gekochten - werden die Szenen einer großen Liebe lebendig: Voller Lust und Tiefe, aber ohne Festigkeit und Dauer. SAIDs knappes Werk mit seinen ungewöhnlichen Bildern, seinen ehrlichen Gefühlen und Bekenntnissen ist geprägt von Weisheit und Schönheit. Der Leser erfährt hundertmal mehr über Männer und Frauen als aus den kiloschweren Romanbestsellern, und zwar gerade deshalb, weil der Dichter jedes Psychologisieren und Etikettieren verweigert.

SAID *parlando mit le phung*, Steidl Verlag, Göttingen 2013, 128 Seiten, gebunden.

Marcel Beyer, der Propagandaministrant des Neo-Biedermeier

Am 5. November 2016 erhielt Marcel Beyer für sein „unverwechselbares Werk ..., das die Welt zugleich wundersam bekannt und irisierend neu erscheinen läßt" den mit 50.000 € dotierten wichtigsten deutschen Literaturpreis, den Georg-Büchner-Preis. Natürlich feiern Staatspreise zuallererst den Staat, der sie vergibt (als Lehen, nicht als Besitz). Gelegentlich werden unabhängige, unbestechliche Künstler ausgezeichnet, oft genug aber die politisch genehmen, kontur- und kantenlosen. Seit 1923 existiert der Büchner-Preis, seit 1951 verantwortet - finanziert von Staat, Land und Kommune - ihn die Akademie für Sprache und Dichtung in Darmstadt. Als erster erhielt ihn Gottfried Benn, und es folgten – etwa mit Botho Strauß oder Jürgen Becker – etliche erstrangige Autoren. Aber genau das verursachte, wie Helmut Böttiger in der „ZEIT" am 28. 6. 2016 zu berichten wußte, „schmerzhaftes Aufstöhnen im Feuilleton". Erst 2015 habe man sich „mit Rainald Goetz dem allgemeinen Diskurs in der medialen Öffentlichkeit unmittelbar angeschlossen". Die Folge: „Da jubelte das gesamte Feuilleton: Das ist einer von uns!" Nun folgt dem einstigen Klagenfurter Stirn-Aufschlitzer ein Autor, der keine Blut-Performance braucht, um seine Anschlußfähigkeit an den linksliberalen Konformismus zu beweisen. Auch er wird von „TAZ" bis „FAZ" angepriesen: „Verdient wie kaum ein anderer", „großartig", „subtile Sprach- und Bildermacht". . . Ein Repräsentant des bräsigen bundesdeutschen Mittelmaß-Extremismus erhält den nach dem politischen und sprachlichen Revolutionär Büchner benannten Preis – das und nicht die unbedingt gerechtfertigten Nobelpreise für Bob Dylan 2016 und Dario Fo 1997 hätte der Oberkritikus Denis Scheck als „Witz“ kennzeichnen sollen.

Marcel Beyer, 1965 in Tailfingen/Württemberg geboren, studierte bis 1992 Literaturwissenschaften in Siegen. 1996 zog es ihn von Köln nach Dresden. 1991 erschien sein Romandebüt „Das Menschenfleisch“, 1995 der mehrfach übersetzte Roman „Flughunde“. Es folgten Lyrikbände, die Romane „Spione“ (2000) und „Kaltenburg“ (2008), letzterer eine Art Abrechnung mit dem als Natur-Nazi karikierten Konrad Lorenz. Ferner veröffentlichte Beyer Erzählungen und Essays, u. a. „Putins Briefkasten. Acht Recherchen“ (2012), und schrieb Opernlibretti. Ausgezeichnet wurde er u. a. mit dem Uwe-Johnson-Preis 1997, dem Joseph-Breitbach-Preis 2008, dem Kleist-Preis 2014, dem Bremer Literaturpreis 2015 und dem Düsseldorfer Literaturpreis 2016. Das ist seine Tragik: Ein gebildeter, literarisch und rhetorisch begabter junger Mann, der durch den von interessierter Seite angeschobenen Höhenflug seiner „Flughunde“ und durch massive staatliche Förderung immer angepaßter und stromlinienförmiger schreibt und immer schneller erfaßt, was den Mächtigen und den Machern gefällt, wird vom „angry young man“ zum herzverfetteten Hofdichter des politkulturellen Establishments. So wie einst zwischen 1815 und 1848 Klassik und Romantik im Biedermeier ihren Abglanz und Abgesang hatten, das Handwerkliche brillierte und die schöpferische Kunst eher durch Abwesenheit glänzte, so ist im heutigen Neo-Biedermeier die ehemalige Avantgarde nur noch eine dekorative Reminiszenz. Wie sehr auch Marcel Beyer von Proust bis Celan, von Trakl bis Mayröcker abkopierte Originalität aus zweiter Hand beschwört (und per „name dropping“, also durch gezielte Namensreihung, avisiert, wen er alles kennt und wer ihm eine Schallplatte mit ins Kaffeehaus bringt) – es entsteht daraus lediglich sekundäre Sekundärliteratur. Dabei bemüht er sich um eine gesuchte, feinsinnig wirkende Sprache, die zwar trotz ihrer Detailhuberei unpräzise und unlebendig ist, aber dem linksliberalen Spießer entgegenkommt, der nach Zauberberg-Feeling lechzt und es gern gediegen-gehoben hat. Dieser Autor weiß in der Tat vieles, aber dieses viele verhilft ihm nur dazu, eine recherchegestützte Faktensammlung mit reichlichen Kopfgeburten zu verquicken – etwa mit der weltbewegenden Entdeckung, daß eine seiner Lesungen ausgerechnet am vierten Todestag W. G. Sebalds stattfand.

Beyers „Vergegenwärtigung deutscher Vergangenheit" nicht allein in den „Flughunden" beschrieb Helmut Boettiger so: „Marcel Beyer scratcht sich durch die deutsche Vergangenheit". *Scratchen* – das ist die Arbeitsmethode der Disk-Jockeys, die rhythmisch über die Plattenteller fummeln. In der Tat operiert Marcel Beyer beim Durchsurfen der Historie ganz ähnlich: Er trudelt quer durch die Geschichte, komplett oberflächlich, voller Mißtöne, rein gefühlsgeleitet und sich eines billigen, hohlen Pseudo-Antifaschismus der Ausbeutung von Schuldgefühlen bedienend, der die konkreten Widersprüche unter pauschalen Vorurteilen verschwinden läßt. Die „Flughunde", die einen Akustiker verkoppeln mit dem letzten Lebensabschnitt der von den Eltern umgebrachten Goebbels-Kinder, beginnen gleich mit einer Szenerie „frisch getrimmter" und fanatisch angebrüllter Befehlsempfänger „in feuchter brauner Uniform". Solche Szenen, die eins zu eins in Hollywoodfilme über deutsche Un- und Untermenschen passen würden, werden dann angereichert mit Pennälerphantasien von der Gemeinschaftsdusche, „wo alle voreinander entblößt werden bis auf die kaum erwachten Schwänze". Konsequent wird alles Deutsche attackiert.

Während die „Entwelschung“ im wieder zu Deutschland gehörenden Elsaß nach 1940 beredt angeprangert wird, fällt die dortige Entdeutschung von 1920 bis 1940 und nach 1945 unter den Tisch. Denn der Ewige Feind ist schließlich der Ewige Deutsche, inklusive der „westeuropäischen Nationalsozialisten“, die 1990, wie man in „Putins Briefkasten“ nachlesen kann, den Osten Deutschlands ideologisch nicht „im Stich lassen“ wollten.

Selbst in der Lyrik, etwa in „Kirchstettner Klima“ (im Band „Falsches Futter“ von 1997) läßt Beyer es sich nicht nehmen, gegen den großen Lyriker Josef Weinheber zu geifern, der in diesem niederösterreichischen Dorf lebte und begraben wurde. Selbst die sowjetischen Soldaten behandelten Weinhebers Haus 1945 voller Hochachtung; der englische Dichter Wystan Hugh Auden kam wegen ihm in diesen Ort, in dem er von 1957 bis 1973 jeden Sommer verbrachte und sein Grab erhielt. Bei Beyer wird aus dem ebenso patriotischen wie unpolitischen Dichter ein Josef mit blankgewichsten Stiefeln und Hakenkreuzplakette, der BLONDIE FASS! ruft. (Blondie hieß Hitlers Schäferhund.) Dazu die süßen Beyer-Verse:

„Die Frau des Dichters aber schreibet leise
mit der Maschin unübertrefflich Volkes
Speise.“

In diesen Kontext paßt eine entlarvende Begebenheit, die Marcel Beyer bei einer Lesung in der Kölner Stadtbibliothek selbst berichtete. Kaum aus Japan und Australien zurückgekehrt (der rasende Kulturbotschafter), wurde er zu einer Konferenz mit russischen und litauischen Autoren nach Königsberg eingeladen. Dort kam ein russischer Dichter auf ihn zu und sprach ihn an: Er habe Agnes Miegel ins Russische übersetzt. Da war er aber an den Falschen geraten! Der eiserne Antifaschist M.

B. kannte ja die Miegel aus seinem Schullesebuch und wußte aus dem Netz, daß sie eine Nazi-Poetin war. Er jagte den russischen Hitleristen weg. Leider erfuhr er so nicht, daß da ein jüdischer Nazi den kleinen Marcel infiltrieren wollte! Denn es handelte sich um den Dichter Sem Chaimowitsch Simkin (1937-2010), einen wunderbaren Menschen und Menschenfreund, der in acht Bänden seit Anfang der neunziger Jahre neben Agnes Miegel ostpreußische Dichter aus vier Jahrhunderten übertragen hatte.

Dichtung und Literaturbetrieb - das sind zwei Welten. Große Dichter drücken das aus, was über sie selbst und ihre Epoche hinausweist, so sehr ihnen auch ihre Gegenwart Stoff und Gestalten liefern mag. Die akkurat modischen *poetae minores* dagegen, die epigonalen Autoren der Zweiten bis Dritten Liga, bleiben stecken im Stofflichen und Zeitbedingten. Sie verbiegen sich bei ihren Verbeugungen vor dem Zeitgeist, sie sind erledigt und haben sich erledigt, wenn die Mode vorbei ist. Theodor Fontane nannte dies Phänomen nach dem seinerzeit hochberühmten Emanuel Geibel „Geibelei". Von diesem haben außer dem Lied „Der Mai ist gekommen" allenfalls einzelne Übersetzungen überdauert. Was wird von Marcel Beyer und der Beyerei bleiben, außerhalb der Rubrik „Kuriosa und Gedöns"?

In der ROTEN REIHE LYRIK erscheinen Auswahlen aus dem Werk lebender Lyriker – überwiegend Unveröffentlichtes – herausgegeben und mit einem Vor- oder Nachwort von Rolf Stolz für 10 Euro im Umfang von 100 bis 220 Seiten.

Dinu D. Amzar *Anschlag und Auftrag,* Edition Bärenklau, Bärenklau 2015, 100 S., Rote Reihe Lyrik Nr. 2.

Herbert-Werner Mühlroth *Der Mond tanzt Tango,* Edition Bärenklau, Bärenklau 2015, 205 S., Rote Reihe Lyrik Nr. 3.

Franz Heinz *Unpatriotische Heimsuchungen,* Edition Bärenklau, Bärenklau 2016, 150 S., Rote Reihe Lyrik Nr. 4 (mit farbigen Tagebuch-Auf-Zeichnungen von Gert Fabritius).

Hellmut Seiler *Dieser trotzigen Ruhe Weg,* Edition Bärenklau, Bärenklau 2017, 140 S., Rote Reihe Lyrik Nr. 5 (mit farbigen Tagebuch-Auf-Zeichnungen von Gert Fabritius).

Das ABONNEMENT der Reihe (30 Euro für 3 Bücher inkl. Porto) bietet die Möglichkeit, alle Ausgaben zu erhalten.

ABONNEMENT - Bestellungen an:
Rolf Stolz, Postfach 2139,
D 53813 Neunkirchen-Seelscheid,
rolf.stolz@gmx.net